Dezember 2016

Sprechen wir wieder mehr über Werte...

Ich möchte an dieser Stelle etwas sehr unpopuläres sagen: Obwohl viele Lipper die Sparsamkeit für eine lippische Tugend halten, ist Geiz nicht geil!

Gerade jetzt zum Jahreswechsel schließen wieder einige Geschäfte für immer ihre Ladentür. Der Schuldige ist schnell ausgemacht: "Die Mieten sind zu hoch!" Aber ist das wirklich der einzige Grund? Sind nicht vielmehr oft die Umsätze zu niedrig? Und liegt das nicht oft auch an der fehlenden Wertschätzung für diese Geschäfte? Viele Kunden nutzen gerne die kompetente Beratung und bestellen dann mit ihren "neuen Fachkenntnissen" etwas im Internet, während der Fachhandel in den Innenstädten leer ausgeht.

Natürlich kaufe auch ich das eine oder andere Schnäppchen im Internet, aber ich bin auch gerne bereit etwas mehr auszugeben, und meine Geschenke und auch alles andere vor Ort zu kaufen. Und sei es auch nur aus Wertschätzung für die Arbeit und die Beratung, die in diesen Geschäften geleistet wird.

Sprechen wir doch lieber einmal über den Wert der Dinge und weniger über den Preis.

Zum Beispiel bei einem Schmuckstück. Bewerten Sie dies nur nach dem Materialwert, oder vielmehr nach der Freude, die es beim Beschenkten erzeugt? Diesen Wert hat es noch lange, nachdem der Preis längst in Vergessenheit geraten ist. Auch die Weihnachtsgans macht eben nicht nur satt, sondern bietet bei richtiger Zubereitung ebenso ein geschmackliches Erlebnis. Für diesen Wert haben der Koch und viele andere lange gearbeitet. Wer diesen Wert zu schätzen weiß, der sollte auch etwas Wertschätzung dafür zeigen.

Diese Wertschätzung der Dinge, Leistungen und Gesten sollte auch nicht im Privaten halt machen. Es ist doch so leicht, einfach mal Danke zu sagen. Danke an die, die den Festtagsbraten zubereiten. Danke an die, die den Weihnachtsschmuck entstauben und die Wohnungen, Häuser und Straßenzüge festlich Schmücken. Danke an die, die zur Adventszeit ein Gedicht aufsagen oder auch das Bühnenprogramm auf dem Weihnachtsmarkt ermöglichen. Und natürlich Danke an alle die, die auch an den Feiertagen arbeiten, damit wir unbeschwert feiern können.

Das Personal im Krankenhaus, in der Seniorenbetreuung, bei der Polizei und den Rettungsdiensten. Aber auch die Paketboten und die Verkäufer/innen im Einzelhandel, die mit vielen Überstunden dafür sorgen, dass unsere Geschenke rechtzeitig unter dem Weihnachtsbaum liegen. Einfach mal Danke an Alle!

Werte, Erfolg, Umwelt, Wahrheit, Informationsblasen, Kidnapping, Liebe, Anarchie, Mobbing, Abgaswerte, Digitalisierung, Humor, Schule, die Spinat-Lüge und natürlich Weihnachten und vieles, vieles mehr.

46 zu Papier gebrachte Gedanken

aus der Zeit von Dezember 2016 bis Dezember 2021.

Ursprünglich geschrieben als Vorwort für das Magazin **Reporter Lippe**.

Auch für mich ist es immer wieder interessant, noch einmal nachzulesen, was mich bewegte und was ich dachte.

Vieles ist noch aktuell, einiges betrachte ich mit etwas Abstand vielleicht differenzierter, aber alles steht im Kontext seiner Zeit.

Eines ist sicher: Fortsetzung folgt!

Bibliografische Information der Deutschen Nationalbibliothek:
Die Deutsche Nationalbibliothek verzeichnet diese Publikation in der Deutschen Nationalbibliographie; detaillierte bibliografische Daten sind im Internet über dnb.dnb.de abrufbar.

© 2021 Markéta Teutrine
Herstellung und Verlag: BoD - Books on Demand, Norderstedt
ISBN: 9783755754497

FSC
www.fsc.org
MIX
Papier aus ver-
antwortungsvollen
Quellen
Paper from
responsible sources
FSC® C105338

Januar 2017

Wann ist man eigentlich erfolgreich?

Anfang des Jahres ist oft die Zeit, in der wir uns Gedanken darüber machen, wie wir so im Leben klarkommen. Wir denken nach, ob wir im letzten Jahr wirklich so viel geschafft haben, wie wir schaffen wollten (meistens nicht) und formulieren neue Vorsätze, die diese Bilanz irgendwie verbessern sollen (meistens tun sie es nicht).

Ich mag keine Neujahrs-Vorsätze. Alleine die Vorstellung, dass der erste Tag des Jahres einen speziellen Wert haben soll, um das Leben zu ändern, kommt mir allmählich spanisch vor. Lebensänderungen sollten doch nicht auf Grund von externen Impulsen kommen. Sie müssen aus unserem Inneren, aus unseren Wünschen entstehen. Aus der eigenen Erkenntnis, dass es in unserem Leben etwas anders läuft, als es soll. Und das kann doch auch an Ostern oder im Sommerurlaub passieren. Und wir sollten die Verbesserungen auch gleich dann umsetzen, wenn uns deren Notwendigkeit klar wird. Und nicht wieder bis zum 1. Januar warten. Denn so kommen wir unserem ganz persönlichen Erfolg auch ein Stück näher.

Aber was ist überhaupt Erfolg? Und wann sind wir erfolgreich?

Es gibt Menschen, die mit dem Fahrrad einmal um die ganze Welt fahren. Trotzdem liest man davon nie einen

Reisebericht und auch nichts in der Presse. Es gibt Menschen, die mit Fleiß und Schweiß einen Roman schreiben, um später nur Schlimmes in den Kritiken zu erfahren. Es gibt Menschen, die ein Unternehmen gründen und nach einiger Zeit wieder schließen müssen. Nur wenige würden diese Menschen als erfolgreich bezeichnen, und doch sind es Menschen, die etwas bewegt haben. Die sich vielleicht sogar einen Traum erfüllt haben.

Diese Menschen sind trotz allem Vorbilder, denn sie sind Macher und vielleicht noch viel wichtiger: es sind Optimisten.

Ein Pessimist kommt nicht mal aus dem Haus, weil es ja vielleicht regnen könnte. Er schreibt nie ein Buch, weil es vielleicht Niemanden gibt, dem es gefallen würde. Er gründet keine Firma, weil er Bankrott gehen könnte. Dadurch kann ein Pessimist in Wirklichkeit aber auch nie Erfolg haben, weil er sein Schicksal niemals in die Hand nimmt.

Optimismus ist ein Widerstand. Ein Widerstand gegen die Wahrscheinlichkeit, gegen die Statistik. Optimismus ist eine evolutionäre Kraft, durch die die meisten Unannehmlichkeiten und Pannen entstehen. Aber auch neue und unwahrscheinliche Sachen. Wie der Faustkeil, das Rad, Penizillin oder vielleicht Kloßpommes.

Ich werde auch in 2017 meinen eigenen kleinen Widerstand gegen die Wahrscheinlichkeit und Statistik leisten. Optimismus ist Bewegungskraft. Und kann auch richtig glücklich machen.

Mögen auch Sie optimistisch sein, damit Ihre Taten zu Ihren ganz persönlichen Erfolgen werden! Ich wünsche Ihnen viel Optimismus und Energie.

Februar 2017

Wie ein bullernder Ofen an einem frostklaren Morgen...

Kommt Ihnen die Überschrift bekannt vor? Es handelt sich um ein Zitat aus einem Hollywoodklassiker mit Doris Day und Rock Hudson. Es beschreibt das unglaublich sanfte, wärmende und beruhigende Gefühl, das einem nur der eine ganz besondere Mensch vermitteln kann, dem wir unser Herz schenken.

Aber auch andere Menschen beeinflussen unser Leben Tag für Tag.

Die Menschen, die die Weltpolitik beherrschen und die Nachrichten dominieren. Aber mehr noch haben die Personen in unserer direkten Umgebung großen Einfluss auf das, was wir denken und tun. Auf das, was wir sind.

Hierzu fällt mir immer wieder eine alte Weisheit ein: Wer glaubt, dass er zu klein ist, um etwas zu bewirken, muss sich nur mal eine Nacht mit einer Mücke in einem Zimmer aufhalten.

Es sind die einzelnen Menschen, die viel bewirken: Die Lehrerin oder der Jugendtrainer, die unseren Kindern die Freude am Lernen oder am Sport vermitteln. Der Feuerwehrmann, der unter Einsatz seines Lebens in die Flammen rennt, um andere zu retten. Die Kranken-schwester, die uns unermüdlich umsorgt, wenn wir am verletzlichsten sind.

Die Liste könnte ich ewig fortsetzen. Und vergessen wir nicht unsere Eltern, die uns die Welt gezeigt haben, mit uns lachten und weinten, die Gespenster unter unseren Betten verscheuchten und niemals aufhören werden, sich um uns zu sorgen.

Es sind immer einzelne Menschen, die unser Leben beeinflussen. Mit ihrer Liebe, Freundschaft oder auch Hass. Sie können uns aufbauen oder zerstören. Unterstützen oder im Weg stehen. Es ist an uns zu erkennen, wem wir welche Rolle in unserem Leben zugestehen wollen. So bestimmen wir selbst, welche Menschen ein Teil unseres eigenen Lebens und unserer eigenen Geschichte werden.

An Tagen wie dem Valentinstag, Muttertag oder zu Weihnachten erinnern wir uns gerne daran, aber auch im

Rest des Jahres sollten wir uns mehr für die Menschen interessieren. Was sie bewegt, was sie antreibt. Mit Verständnis und Respekt für den Anderen gewinnen wir nicht nur neue Eindrücke, sondern auch wertvolle Momente unserer eigenen Geschichte.

Und dann fühlen wir uns vielleicht auch öfter wie vor einem bullernden Ofen, an einem frostklaren Morgen.

März 2017

Wie erhalten wir am besten unsere Umwelt?

Täglich erleben wir den Spagat zwischen Infrastrukturmaßnahmen zur Sicherung von Arbeitsplätzen, der Schaffung von Freizeitanlagen und dem Umweltschutz zur Erhaltung unserer Natur.

Das alles muss jedoch nicht im Widerspruch zueinanderstehen, denn eine intakte und erlebbare Natur hat nicht nur einen hohen Freizeitwert, sondern ist eben auch ein wichtiger wirtschaftlicher Faktor. Nicht nur weil Lippe als Wanderregion bei zahlreichen Touristen bekannt ist, sondern auch, weil sich viele junge Familien gerne hier ansiedeln.

Aber was verstehen wir eigentlich unter dem Begriff Natur?

Sicherlich gut gemeint sind die immer wieder aufkeimenden Bestrebungen, große Teile Lippes nicht nur unter Naturschutz zu stellen, sondern als Nationalpark jegliche Nutzung auszuschließen. Wie gesagt: Gut gemeint, aber nicht gut durchdacht.

Ich liebe Waldspaziergänge, bei denen man so wunderbar die Seele baumeln lassen kann. Erst neulich nahm ich an einer geführten Wanderung durch das Augustdorfer Dünenfeld teil. Die Geschichte der Landschaft, der Duft des Waldes und des Heidekrauts, und nicht zuletzt die Begegnung mit den wieder angesiedelten Senner Pferden, werden mir lange in Erinnerung bleiben. Die hier praktizierte Bewirtschaftung des Waldes ist gelebter Heimat- und Naturschutz. Und nicht zu vergessen: Ein echtes Erlebnis!

Die Senne und der Teutoburger Wald sind seit Jahrhunderten vom Menschen geprägte Naturlandschaften und keine Wildnis. Diese Landschaft und damit ein Stück Heimat zu erhalten, bedeutet auch, sich aktiv um dieses wunderschöne Fleckchen Erde zu kümmern.

Den Wald abriegeln und die Natur sich selbst überlassen? Dann würde sich das von uns so geliebte Naturerlebnis bis zur Unkenntlichkeit verändern. Ein Zustand, den wir vermutlich nicht mehr mitbekommen, weil wir nur noch sehr selten die Möglichkeit hätten, den Wald und die einmalige Sennelandschaft zu betreten.

Das käme einem Verlust der Heimat gleich. Für mich undenkbar. Was denken Sie?

April 2017

Was ist Wahrheit?

Wie stehen Sie persönlich eigentlich zur Meinungsfreiheit? Eine andere Meinung als Ihre? Halten Sie das aus? Können Sie es akzeptieren, dass es mehr als eine Wahrheit gibt? Das glauben Sie nicht? Es gibt nur eine Wahrheit, und Sie kenne diese ganz genau? Sind Sie sicher?

Bereits wenn zwei Personen die gleiche Sache beschreiben sollen, wird man feststellen, dass sich die Angaben zumindest geringfügig unterscheiden. Das liegt einfach daran, dass jede Erkenntnis, jede Erfahrung und jedes Wissen in uns immer nur eine Reflexion des Momentes sind. So wie die Reflexion des Sonnenlichtes von jeder Oberfläche anders widergespiegelt, so nehmen wir alle jede einzelne "Wahrheit" anders wahr.

Wenn das Licht auch noch durch eine Linse oder ein Prisma fällt, ergibt das nochmal ein ganz anderes Bild. Die Wahrheit liegt im wahrsten Sinne des Wortes also immer im Auge des Betrachters.

Im letzten Monat äußerte ich meine Bedenken und meine Ablehnung zur Einrichtung eine Nationalparks Senne. Prompt bekam ich eine E-Mail mit dem Vorwurf "Fake-News" zu verbreiten. Der Schreiber wohnt laut seinem Absender selbst in Berlin und schwärmte davon, wie wunderbar es im Müritz Nationalpark sei. Außerdem wollen 75% der Bevölkerung sehr wohl einen Nationalpark auch bei uns.

Ich bin gerne lernbereit und verschließe mich auch nicht sachlichen Argumenten, aber ich muss leider sagen, dass meine Wahrheit eine andere ist. In meiner Lebens-wirklichkeit drängen nicht 75% der Menschen auf die Einrichtung eines solchen Parks. Aber ich gestehe ein, dass ich auch nicht jeden Menschen in Ostwestfalen persönlich kenne. Und schon gar nicht alle Berliner, die am Wochenende gerne am Müritzsee in Mecklenburg-Vorpommern spazieren gehen.

Sei es drum. Jeder darf ja seine Meinung haben. Zu allem. Auch zu lippischen und ostwestfälischen Themen. Auch wenn er woanders wohnt oder woanders wandert.

Eine alte Weisheit sagt: Meinungsfreiheit ist immer die Freiheit des Andersdenkenden.

Und wie ist es bei Ihnen? Gilt das auch, wenn jemand etwas anderes denkt als Sie? Oder ist das dann gleich ein Populist, Extremist oder noch Schlimmeres?

Ist Ihre Weltsicht gefestigt und haben Sie den Anspruch auf die einzig wahre Definition und Bewertung der Dinge? Fleischfresser oder Veganer? Kommunisten oder Kapitalisten? Schwarz oder weiß? Lego oder Playmobil? Ist es wirklich immer so einfach?

Ich weiß, wie ich meine Umwelt wahrnehme und beurteile. Dabei nehme ich gerne die Einschätzungen und Argumente meiner Gesprächspartner auf. Denn auch das gehört zum Prozess der eigenen Meinungsbildung.

Es gibt keine alternativen Fakten, aber durchaus verschiedene Betrachtungsweisen und Deutungen. Das ist gut so und bereichert unser Leben und unsere Gesellschaft. Wichtig ist dabei nur, dass wir im Gespräch bleiben, um uns gegenseitig besser zu verstehen.

Juni 2017

Wem nützt es?

Hilfe, wir werden alle so furchtbar diskriminiert! Echt jetzt? Kann uns nur eine völlig neue, geschlechtsneutrale

Sprache retten? Und müssen wir dazu alle Bücher ändern? Gendern? Oder was auch immer?

Der „Negerkönig" ist bereits aus dem Märchen verschwunden. OK. Aber sind Bücher, Gesetze und Gesangsbücher nur dann politisch korrekt, wenn man die Sprache zur Unkenntlichkeit verzerrt? Gesangsbücher? Ja, Sie haben richtig gelesen: Gesangsbücher werden gegendert, damit sich auch alle 67 Geschlechter (und mehr) angesprochen fühlen. Glauben Sie nicht? Ist aber so. Für den letzten Kirchtag wurden die Gesangsbücher umgeschrieben, und dabei haben die Texter*innen auch vor dem Klassiker „Der Mond ist aufgegangen" nicht Halt gemacht. Oh Herr, vergib ihnen, denn sie wissen nicht, was sie tun.

Fangen wir jetzt an die komplette Literatur umzukrempeln? Um sie gerechter zu schreiben? Gerechter für wen? Und was ist denn dabei mit den Autorenrechten?

In 2013 haben solche Änderungen bereits unser Rechtssystem erreicht. Auf die Welt kam eine geschlechtsneutrale Ausgabe der Straßenverkehrsordnung. Aus „Radfahrern" wurden „Rad Fahrende", aus „Fußgängern" wurden „zu Fuß Gehende". Keiner konnte mir bis jetzt erklären, was passiert, wenn der zu Fuß Gehende an der roten Ampel stehen bleibt. Wird er dann umbenannt? Ist er dann der „an der Ampel Stehende"?

Zum Glück ist aber der männliche Verkehrsteilnehmer aus der StVO nicht ganz verschwunden. Er lebt in §§ 36 Abs. 1, Abs. 5 Satz 3, 43 Abs. 3 Satz 2, 45 Abs. 9 letzter Satz StVO weiter. Und auch der männliche Radfahrer lebt weiter, nämlich in der Anlage 2 lfd. Nr. 9.1 Spalte 3 § 41 Abs. 1 StVO.

Der Verordnungsgeber hat - mal wieder - inkonsequent, man könnte auch sagen etwas schlampig gearbeitet. Ich sehe das unter dem Gesichtspunkt des männlichen Artenschutzes gelassen.

In meinen Augen kommt es gerade durch diese geschlechtliche Differenzierung zur Abgrenzung. Allein bereits beim Begriff „die Bürger der Stadt" entsteht bei mir im Kopf ein Bild von einer gemischten Gruppe. Sobald ich „die Bürger und Bürgerinnen" höre, entstehen bei mir automatisch zwei Bilder mit nebeneinanderstehenden Gruppen. Eine männlich, eine weiblich. Ist das so gewollt?

Diese Umkrempelung der Sprache ist blinder Aktionismus gepaart mit Minderwertigkeitskomplexen. Entweder, weil sich die Schreiberinnen persönlich ständig in ihrer Sexualität benachteiligt fühlen, oder weil sie sich sehr, sehr, sehr um das Seelenheil der angeblich so furchtbar Benachteiligten sorgen.

Gleichberechtigung aller Menschen ist richtig. Ändern durch „Gendern" ist falsch.

Bitte lasst die Sprache in Ruhe und klärt eure privaten Probleme anders. Und BITTE, BITTE, BITTE lasst uns die wundervolle deutsche Sprache.

Wer sich jetzt sehr missverstanden oder diskriminiert fühlt, der/die/das hat absolut recht. Aber bevor Sie jetzt meckern oder einen Shitstorm lostreten, denken Sie daran: Toleranz ist wichtig! Auch gegenüber denjenigen, die den „Genderwahn" für Schwachsinn halten.

Juli 2017

Leben in einer Informationsblase...

Viele Menschen sind der Meinung, durch das Internet einen Zugang zu allen notwendigen Informationen zu haben, so dass sie sich dadurch auch eine objektive Meinung bilden können. Die Realität sieht aber anders aus.

Die Online-Welt schließt uns in einen Raum ein, den wir uns unbewusst selbst erzeugt haben. Durch unser Verhalten im Netz, durch unsere tägliche virtuelle Bewegung. Dass wir das sehen, was wir auch sehen sollen, fällt uns gar nicht mehr auf. Denn wir nehmen nicht wahr, dass es auch andere Räume gibt.

Der Mensch ist immer geneigt, die Informationen zu bevorzugen, die seine eigene Meinung bestätigen, und die Informationen auszublenden, die ihm widersprechen. Somit betreten wir unser eigenes Informations-Ökosystem. Diese so genannten Filter- oder Informationsblasen sind allerdings kein Zufallsprodukt. Es ist ein gewolltes Vorgehen, uns als Verbrauchern, die bestmöglichen Suchergebnisse im Netz zu zeigen, die zu uns, bzw. zu unserer Suche passen. Es wird in diesem Moment für uns entschieden, was für uns das Beste ist. Somit werden wir automatisch von anderen, vermeintlich nicht relevanten, Informationen isoliert.

Die Pluralität der Ansichten fehlt. Und soziale Netzwerke haben dieses Phänomen, das zu einer gefährlichen Situation in der Gesellschaft führt, noch verstärkt. Wir sind nämlich sehr bequem und wenn uns etwas geboten wird, bei dem wir nicht widersprechen oder unsere Meinung erklären müssen, befinden wir uns in unserer eigenen Wohlfühlzone. Somit erklären wir alles andere, was mit unserer Überzeugung nicht übereinstimmt, für alternative Fakten und zu FakeNews. Weil es einfacher ist, als sich mit anderen Ansichten auseinander zu setzen. Das, was in einer nicht demokratischen Welt der Traum eines jeden Diktators ist, entstand in unserer Demokratie ganz von allein.

Es wird in der letzten Zeit oft darüber gesprochen, dass wir bei allen Nachrichten kritisch bewerten müssen, ob sie echt sind. Aber wie sollen wir das machen, wenn auch Profis das nicht immer hinbekommen? Wir müssen lernen, die Welt aus verschiedenen Perspektiven beobachten zu können. Und das gelingt uns nur dann, wenn wir auch andere Perspektiven zulassen. Wenn wir Menschen treffen (ja Sie lesen richtig – treffen, am besten in der realen Welt), die anderer Meinung sind. Wenn wir unseren Verstand benutzen. Analysieren. Möglichkeiten vergleichen. Und fragen. Ganz oft fragen. Eben nur nicht immer den Google.

August 2017

Immer irgendwelche Regeln......

Das unerlaubte Erschleichen der Ferien-/Urlaubszeit nimmt laut Statistiken zu. Sie wissen nicht, wie so was geht? Man nimmt das Kind einfach ein, zwei oder drei Tage vor dem Ferienanfang aus der Schule und fährt in den Urlaub. Ohne Staus. Denn alle anderen sind ja noch nicht losgefahren. Deren Kinder müssen noch die sprichwörtliche Schulbank drücken. So ist der Urlaub auch oft billiger, weil der Flug noch vor der eigentlichen Reisezeit um Einiges weniger kostet. Laut Statistischem Landesamt stiegen die Preise für Pauschalreisen im letzten Jahr zu Beginn der Sommerferien um 16%. Da kann man so ein bisschen Schummeln doch nach-vollziehen – oder vielleicht doch nicht?

Na ja. Es wird schlimmer. Um ein mögliches Bußgeld von bis zu 1.000 Euro zu vermeiden, falls man erwischt wird, kommen manche auf die Idee, das Kind krankschreiben zu lassen. Da frage ich mich: Ist das denn nötig? Ist das denn vorbildliches Handeln? Oder bringe ich dann gerade dem Kind bei, wie einfach es ist, Regeln zu brechen?

Regeln sind wichtig. Sie fangen klein an, als etwas, was wir schon immer gemacht haben. Was wir von unseren Eltern, unserer Umgebung gelernt haben, wie zum Beispiel das Benehmen im Restaurant. Sie gehen über zu Vorschriften, die wir einhalten müssen. Zum Beispiel beim Radfahren oder später beim Autofahren. Und sie wachsen zu Gesetzen. Und dann stellt sich die Frage: Ab wann sagen wir dann unseren Kindern: Diese Regel darfst Du aber nie brechen – und in diesen Fällen ist es OK, wenn wir schummeln!

Wir dürfen nicht vergessen, dass wir das Vorbild unserer Kinder sind (und auch sein wollen). Sie identifizieren sich mit uns, übernehmen unser soziales Verhalten. Und dazu gehört auch die Einstellung zum Regelbrechen. Wo ist für Sie die Grenze? Auf welche Regeln pfeifen Sie?

Lassen Sie sich, einfach mal so krankschreiben? Erschleichen Sie sich Urlaubstage? Lassen Sie Ihren Hund auf dem Spielplatz Gassi gehen? Schmeißen Sie Ihre

Zigarettenstummel, Einwegkaffeebecher oder Ihren Hausmüll auf den Parkplatz? Klauen Sie gelegentlich im Supermarkt? Oder überfahren Sie absichtlich die Katze des Nachbarn, wenn Sie im Weg steht? Wo sind Ihre Grenzen?

Regeln sind wichtig und sollten ganz selbstverständlich eingehalten werden.

Nicht nur um das Zusammenleben zu vereinfachen, sondern auch, um unseren Kindern ein Vorbild zu sein, damit sie zu den Erwachsenen werden, auf die wir stolz sein können.

Was ist schon ein billiger, zusätzlicher Urlaubstag im Vergleich dazu, ein glaubwürdiges Vorbild für unsere Kinder zu sein?

Die Welt ist voller Regeln. Und das ist gut so. Denken Sie daran. Auch bei Ihrer nächsten Urlaubsplanung.

September 2017

Einigen geht es offenbar zu gut...

Zugegebenermaßen war das Leben früher aufregender. Früher, als man auch in Deutschland noch die Folgen eines Krieges spüren konnte. Früher, als man noch jederzeit an einer Grippe sterben konnte. Früher, als das Fernsehen noch schwarz-weiß war und man auch im Winter zu Fuß zur Schule oder zur Arbeit gehen musste. Früher, als man sich darüber freute, wenn es zum Geburtstag einen neuen Pullover gab, der nicht bereits von 3 älteren Geschwistern getragen wurde.

Und heute? Heute ist das Leben langweilig.

Für viele Jugendliche liegt das größte existenzbedrohende Problem darin, dass sie noch nicht das allerneuste Smartphone besitzen, um ein Selfie von sich und ihrem veganen LowCarb-Smoothie aufzunehmen, und dieses mit Ihren Facebook-Freunden zu teilen. Freunden, die sie im realen Leben noch nie getroffen haben.

Langweilig sind auch die unzähligen Fernsehsender und Streamingdienste. Und Bücher? Um Gottes Willen! Wie langweilig ist es für Viele, ab und zu ein Buch zu lesen...

Es ist also kein Wunder, dass jetzt einige unter der Last ihrer Luxusprobleme die Langeweile nicht mehr aushalten und sich etwas mehr "Thrill" wünschen. So kamen findige Eventexperten auf die tolle Idee von Rollenspielen. Klingt doch erstmal ganz interessant.

Am Wochenende mal leben wie im Mittelalter? Das kann durchaus interessant sein und mit der Entschleunigung des Alltags auch zur Entspannung beitragen. Auch ein intensives Survivaltraining oder der Besuch einer Star Trek Convention im Klingonen-Outfit kann die Freizeitgestaltung bereichern. Das alles finde ich gut.

Kritisch bin ich jedoch bei einer neuen Art (nein Abart) der Freizeitgestaltung. Das "Kidnap-Spiel" ist ja wohl die Perversion der Unterhaltung. Für einige Menschen ist ein Leben in Frieden, Freiheit und mit einem gewissen Maß an Wohlstand offenbar so unerträglich langweilig, dass sie sich nur so zum Spaß "kidnappen" lassen, um sich dann mit Hilfe von kniffligen Aufgaben wieder zu befreien. Ich will auch gar nicht darüber diskutieren, ob das spannend ist. Es ist geschmacklos.

Was kommt als Nächstes? Nahrungsentzug und die Infektion mit Malaria, um sich mal wie in einem afrikanischen Flüchtlingslager zu fühlen? Die Sprengung der eigenen Wohnung als Ersatz für einen aufregenden Krieg?

Wie sehr muss man unter der eigenen Existenz und seiner physischen und psychischen Unversehrtheit leiden? Um sich im Spiel entführen zu lassen? Um ein wenig Opfer zu spielen?

Und was machen solche "Spiele" eigentlich mit unbeteiligten Beobachtern? Mit Passanten? Mit Kindern, die Zeuge solcher "lustigen Verbrechen" werden? Rufen sie die Polizei? Eilen sie zur Hilfe? Und wie oft werden sie das wohl tun?

Es war einmal ein Hirtenjunge. Jeden Tag aufs Gleiche brachte er seine Schafe auf die saftigen Wiesen hinter dem Dorf. Und jeden Tag langweilte er sich. „Wolf!", brüllte er einmal. Dorfbewohner eilten ihm zu Hilfe. Doch sie fanden heraus, dass es ein falscher Alarm war und es keinen Wolf in der Nähe gab. Kurz danach überraschte der Wolf den Jungen wirklich. Diesmal nahmen die Dorfbewohner die Rufe nicht mehr ernst und der Wolf fraß die ganze Herde und auch den Hirtenjungen. (Diese Fabel stammt aus dem 6 Jh.v.Chr.)

Wollen wir alle so abstumpfen und verrohen, dass wir echte Hilferufe nicht mehr wahrnehmen? Ich will das nicht. Ich werde weiterhin einschreiten, wenn ich ein Verbrechen vermute. Und wenn sich das Ganze als "Spaß" herausstellt, dann werde ich denjenigen meine sehr uncharmante Meinung sagen.

Bitte bleiben Sie aufmerksam.

November 2017

Erlebe den Moment und erinnere dich...

Der Herbst und besonders der November stehen für Abschied. Woher kommt das?

Vielleicht liegt es daran, dass wir das Kurze-Hose-Wetter vermissen, wenn wir bei kaltem Nebel eingemummelt in dicker Jacke und flauschigem Schal das Haus verlassen. In diesen Momenten wird uns der Wandel vielleicht besonders bewusst. Die Erkenntnis, dass alles einmal endet.

Wenn wir uns Anfang November auf dem Friedhof umschauen, sehen wir dort viel mehr Menschen als gewöhnlich. Einige fühlen sich verpflichtet, gerade jetzt die Gräber ihrer Nächsten mit Blumen zu dekorieren. Manche machen es, weil man es halt so macht. Manche, weil sie befürchten, was der Nachbar sonst sagen würde. Manche machen es das ganze Jahr über und warten nicht extra auf bestimmte Tage.

Für mich war Friedhof immer eher ein Park. Eher ein ruhiger Ort, als ein Ruheort. Ein Ort zum Nachdenken über alles Mögliche. In meiner Studienzeit sogar zum Lernen. Die, die ich liebte und nicht mehr unter uns sind, die sind in meinem Herzen, in meinen Erinnerungen. Nicht in irgendwelchen toten Erinnerungen. Nein, sie sind lebendig, als fester Bestandteil meines Lebens. Wenn ich meine Tomaten pflanze, höre ich meinen Urgroßvater schimpfen, dass ich sie nicht zu dicht pflanzen soll. Sie brauchen doch Platz und Licht. Nur dann gibt es süße Früchte. Wenn ich mit meinem Sohn Karten spiele, muss ich immer lächeln, wenn das Blatt für ihn spielt und er sich genauso freut, wie ich mich freute, als ich gegen meine Oma gewann.

Und wenn dann die Zeit der Allerseelen kommt, zünde ich eine Kerze an, stelle daneben einen bunten Blumenstrauß und beobachte leise die funkelnde Flamme. Mein Herz ist in diesem Moment eigentlich gar nicht traurig, sondern dankbar. Dankbar dafür, was ich mit den Menschen, die von uns gegangen sind, erleben durfte. Was sie mir mitgegeben haben. Dankbar dafür, was ich mit denen, die da sind, erleben darf.

Für mich liegt die Botschaft in diesen "Stillen Tagen des Gedenkens" vor allem darin, dass wir uns nicht nur erinnern, sondern dass wir das Hier und Jetzt bewusster erleben.

Die gemeinsamen Momente, die wir genießen und als Erinnerung speichern. Diese Momente sind so viel wertvoller als alle unsere Fernsehserien, Online-Spiele und Facebooknachrichten zusammen.

Rituale sind schön. Und sie sind wichtig. Sie sind wie ein Anker. Ein Anstoß, um sich zu besinnen. Auf den Moment.

Diese Momente sind nicht nur gefüllt mit Erinnerungen, sondern auch mit der Hoffnung, dass unsere Liebe zu anderen Menschen weitergetragen wird, wenn wir nicht mehr sind.

Verpassen Sie nicht diese kostbaren Momente. Genießen Sie die Zeit mit Ihrer Familie und Ihren Freunden. Hören und verinnerlichen Sie die Botschaft, damit Ihre eigenen Erinnerungen (und die Erinnerungen an Sie) voller Liebe und Freude sind.

Dezember 2017

Es kommt schon wieder so schnell und überraschend...

Und plötzlich ist es Weihnachten.

Als ich klein war, freute ich mich das ganze Jahr über auf die eine Stunde, auf den einen Moment, wenn das Glöckchen klingelt, wenn der Baum erleuchtet und ich endlich das Papier von den Geschenken herunterreißen kann. Und dann war alles vorbei. Die gefühlt ewige Warterei für die paar Minuten? Je älter ich werde, desto kürzer kommen mir die Abstände zwischen den Weihnachtsabenden vor. Haben Sie auch das Gefühl, dass die Zeit zumindest immer schneller rennt? Und das Weihnachten jedes Jahr irgendwie und immer wieder ganz überraschend kommt? Das Warten hatte etwas Magisches. Nicht umsonst sagt man: Die Vorfreude ist die schönste Freude. Ich habe es als Kind genossen. Und eigentlich möchte ich es heute wieder genießen.

Das brachte mich in diesem Jahr dazu, darüber nachzudenken, wie man zumindest die letzten Wochen vor Weihnachten in die Länge ziehen kann. Um sie einfach auch intensiver zu erleben. So früh, wie der Einzelhandel mit dem Verkauf von Dominosteinen bereits am Ende der Sommerferien anfing, wollte ich nicht unbedingt mit den Weihnachtsvorbereitungen starten. Aber Anfang November eignet sich dafür ganz gut. Da kann man bereits die ersten Geschenke besorgen. Und Ende November habe ich die ersten Plätzchen gebacken. Der Zimt-Duft aus dem Räucherhäuschen und Weihnachtslieder sorgten dabei für die richtige Atmosphäre.

Eine Enttäuschung kam aber doch. Der Adventskalender. So ein ganz normaler. Ganz einfacher. Kann mir jemand sagen, warum ich nie einen bekomme? Ich will auch jeden Tag diese furchtbar süßen Stücke herausnehmen und mich an dem dahinter versteckten Bildchen erfreuen. Jeden Tag aufs Neue tippen, ob es diesmal ein Glöckchen, ein Schlitten oder ein Schuh wird.

Dafür klappte es dann mit der Weihnachtslaune am Nikolaustag. Die Stadt strahlte, überall märchenhafte Beleuchtung – ja, die Vorfreude ist da! Auch das Fernsehprogramm wurde bereits auf die üblichen Festtagssendungen umgestellt. Nicht nur durch mehrfache Wiederholungen von bestimmten Märchen, sondern auch die Werbespots sind taktisch auf den Geschenkwahn ausgerichtet. Merkwürdig finde ich es nur, dass in unserem Haus die CDs mit der schönen Weihnachtsmusik von Tag zu Tag weniger werden. Wahrscheinlich erfreuen sich nicht alle Familienmitglieder an meinem festlichen Mitsingen. Egal, Hauptsache die Weihnachtsstimmung ist da!

Und auch nach Heiligabend ist es nicht vorbei. Denn dann kommen die zwei Weihnachtsfeiertage. Zwar ohne Zerreißen von Geschenkpapier, aber dafür mit jeder Menge Märchen. Und dann Silvester. Und das Neujahrskonzert der Wiener Philharmonie. Spätestens dann wird uns allen klar – jetzt ist es vorbei. Jetzt liegt wieder ein neues Jahr vor uns. Ein ganzes Jahr voller Vorfreude auf das nächste Fest, das vermutlich wieder ganz plötzlich kommt.

Ich wünsche Ihnen nicht nur Glück, Gesundheit, Liebe und ein tolles Jahr. Ich wünsche Ihnen, dass Sie mit sich, mit dem, was Sie tun, zufrieden sind. Denken Sie über Ihre Worte und Taten nach. Suchen Sie nicht immer die Fehler bei Anderen. Versuchen Sie einfach, glücklich zu sein. Ärgern Sie sich nicht über das, was Sie nicht beeinflussen können. Konzentrieren Sie sich stattdessen darauf, was Sie ändern können und was zum eigenen Glück (und dem der Anderen) führt. Und genießen Sie die Zeit, denn Weihnachten kann wie in jedem Jahr so überraschend schnell kommen.

Februar 2018

Die digitale Generation: Droht uns ein Kommunikationskollaps?

Eine junge Mutter schiebt mit einer Hand den Kinderwagen vor sich, starrend auf das Display eines Smartphones in ihrer anderen Hand, die dadurch nicht frei ist, um die Hand des mitlaufenden Kindes festhalten zu können. Ein Bild, dass ich immer öfter zu sehen bekomme. Ein trauriges Bild voller Stille. Das sich die Kommunikation der Mama mit dem Baby lohnt, auch wenn sie am Anfang nur einseitig ist, das ist längst bewiesen. Denn die Babys hören zu. Sie mögen die beruhigende Stimme, die sie bereits über Monate hörten, bevor sie auf die Welt kamen.

Sie wissen, dass die Mama in der Reichweite ist. Und nicht nur das. Sie lernen. Sie lernen Geräusche kennen, die sie später nachmachen. Ja genau – indem sie sprechen.

Was passiert aber, wenn diese Kommunikation fehlt? Wird dadurch nicht auch der normale Sprachlernprozess beeinflusst? Es wird bereits beobachtet, dass es immer mehr Kinder gibt, die mit zwei Jahren bestens ein Tablet bedienen können, perfekt die Feinmotorik beherrschen, sprechen aber noch gar nicht. Warum auch? Ein Tablet oder ein Smartphone benötigen keine verbale Kommunikation. Keine Emotionen. Das begreift auch das

Kind sehr schnell – es kann sich ja mit Fingerbewegung verständigen.

Die Eltern sind überglücklich ein intelligentes Kind zu haben, das sich so wunderbar der digitalen Welt anpasst. Was in diesen Fällen aber fehlt, ist die emotionale Ebene der Entwicklung. Denn diese kann die Technik nicht ersetzen. Sie kommt mit der Sprachentwicklung, mit dem Wortschatz, mit der Tonalität. Mit der Möglichkeit sich auszudrücken, wenn es etwas gibt, was mich freut, aber auch was mich bedrückt. Es ist frustrierend, der Umwelt nicht mitteilen zu können, was mich kränkt. Und was hilft ein hoher IQ, wenn Wortschatz, Aussprache und Empathie nie ausreichend entwickelt wurden. Das erschwert jede soziale Bindung.

Viele Kinder haben zum Spielen alle möglichen technischen Highlights, ihnen fehlt aber das Wichtigste: die Beziehungen zu erlernen. Gesunde und lebendige Beziehungen, Menschen um sich, Freunde, die reagieren, die sich freuen, die eine andere Meinung haben, die mitlachen, die mitstreiten. Das wird durch etwas Künstliches ersetzt, was logisch handelt und den Anweisungen folgt. Es entsteht keinerlei soziale Ebene, die das Verständnis für das Gegenüber formt. Das Spielerische verfliegt, alles außerhalb des digitalen Spiels wird als langweilig empfunden.

Natürlich ist es nicht verkehrt, sich in einer virtuellen Welt gut auskennen. Aber das ist halt nicht alles. Für ein glückliches Leben reicht das getippte Wort in digitaler Isolation nicht aus. Jeder Mensch und besonders Kinder brauchen für ihre Entwicklung menschliche Kommunikation, Gesichter, echte Erlebnisse. Nur so lernen sie damit umzugehen und die Bedürfnisse der anderen zu verstehen. Nur so werden sie nicht zur Generation „Wisch und weg 2.0".

Lassen sie uns reden, streiten, loben, diskutieren. Wortreich, emotional und von Angesicht zu Angesicht.

März 2018

Allgemeinwissen? Ich frage doch Google…

Ich muss es nicht wissen, ich muss nur wissen, wo ich es finde. Das war die Ausrede, die ich gerne benutzte, um nicht lange und vor allem bis ins tiefe Detail lernen zu müssen. Den Satz hört man heute häufig. Und dazu kommt noch – man muss nicht mal lange suchen, wir können einfach Google fragen. Was sich aber seit meiner Schul- und Studienzeit änderte, ist die Ebene dieser

Entscheidung, sich auf das außerhalb des eigenen Kopfes gespeicherte Wissen zu verlassen.

Es geht nicht mehr um die Details, wie ein genaues Datum, der Pflanzen- oder Knochenname in Latein o.ä., es geht um das Allgemeine. Das bedeutet, es werden oft Grundkenntnisse nicht mehr für so wichtig gehalten, um sie abzuspeichern, denn man kann doch alles nachlesen, wenn man es braucht.

Fragen Sie heute junge Menschen in Ihrer Umgebung, wann es den dreißigjährigen Krieg gab. Sie bekommen sogar Antworten wie: Da sind wir noch nicht, wir sind erst beim zweiten Weltkrieg. Kommt bestimmt noch. Tja… Es geht nicht darum, ob ich mir genau das Datum merken kann (außer ich bekomme diese Frage von Günther Jauch gestellt), sondern darum, Ereignisse einordnen zu können. Um zu verstehen, was geschah und warum. Um Schlüsse aus der Geschichte ziehen zu können. In vielen Bereichen unseres Lebens, sei es die politische Situation in Deutschland, in Europa oder gar in der Welt, können wir den Ernst der Entwicklung nur dann verstehen, wenn wir die Handlungen nachvollziehen können. Es wird nicht jeden Tag alles Notwendige wiederholt, wie am Anfang jeder Folge einer langen Serie: „Was bisher geschah…" Wir müssen uns die Zusammenhänge schon merken, damit wir mit der Information arbeiten können.

Was machen wir jetzt mit unserem Nachwuchs? Wie machen wir den jungen Menschen klar, dass es wichtig ist, sich mit den vielen Gigabytes von Informationen auseinanderzusetzen? Ich glaube, dass diese Fragen noch eine Weile offenbleiben. Gleichzeitig hoffe ich aber, dass es nicht allzu lange dauert, eine gute Lösung zu finden, damit Geschichte nicht in Vergessenheit gerät.

Und hier noch eine kleine Geschichte zum Selbsttest: Erscheint eine Fee dem Bauern. Er habe drei Wünsche frei. Der Bauer ist glücklich: "Ich will ein Prinz sein!" Ruck zuck steht er in einer Galauniform da. "Ich will ein schönes Schloss haben!" Ruck zuck steht er in einem reich ausgeschmückten Saal seines neuen Schlosses. "Ich möchte eine schöne Frau an meiner Seite!" Geht die Tür auf, eine Prinzessin kommt in den Saal und sagt: "Komm, Franz Ferdinand, wir müssen los, sonst kommen wir zu spät nach Sarajevo..."

Ich wüsste gerne, ob sie diesen alten Witz verstanden haben. Kommt ein Lächeln? Oder kommt ein „Hä?“ und müssen sie erstmal Franz Ferdinand googlen? Dann finden sie vermutlich zuerst eine Band - und die war nicht gemeint.

Ich muss nicht nur wissen, wo ich die Information finde, ich muss auch wissen, dass es sie gibt! Und ich muss sie einordnen können. Denn sonst kann ich nicht mitlachen.

Und Humor ist wichtig. Mit Humor wird die Welt gleich viel schöner.

Und denken sie daran: Nur wer die Geschichte kennt, kann die Gegenwart verstehen und die Zukunft gestalten.

April 2018

Wir sind alle nackt...

Ab dem 25. Mai 2018 tritt nun die neue EU-DSGVO (Europäische Datenschutzgrundverordnung) in Kraft und dann wird alles sicherer. Sollte man denken. Aber wird es dann wirklich sicherer oder nur komplizierter? Ist dann endlich Schluss mit der Datensammelwut der bösen Großkonzerne und mit den Skandalen um gestohlene persönliche Daten bei Facebook? Wer sollte da wohl dagegen sein?

Bei dem angeblichen "Facebook-Skandal" hat doch nicht Mark Zuckerberg irgendwen ausspioniert und seine intimsten Geheimnisse verkauft, sondern die Nutzer selbst haben jede Menge privates von sich preisgegeben. So kann man ein Profil erstellen und gezielt Werbung und Informationen ausspielen. Wer wundert sich darüber?

Viele denken, dass sie selbst nicht von der neuen Regelung betroffen sind, aber da liegen die meisten wohl falsch.

Nutzen Sie WhatsApp? Evtl. sogar auf dem Firmenhandy? Dann wird jetzt kritisch, denn Sie übermitteln die Nummern Ihrer Kontakte zum Abgleich an den Anbieter. Auch die Nummern derer, die WhatsApp gar nicht nutzen und dieser Übermittlung auch nicht zugestimmt haben.

Zustimmung ist übrigens das Schlüsselwort. Wer auch immer Ihre persönlichen Daten speichern und nutzen will, braucht dazu Ihre Zustimmung. Schriftlich und dokumentiert. Und es dürfen nicht mehr Daten gespeichert werden als unbedingt nötig. Es sei denn, Sie stimmen ausdrücklich zu. Im Kleingedruckten.

Jetzt mal Hand aufs Herz, haben nicht auch Sie schon hundertfach gelogen, wenn Sie bei der Installation eines Programmes, einer App oder bei der Unterzeichnung eines Vertrages per Unterschrift oder Mausklick bestätigt haben, dass Sie die Allgemeinen Geschäftsbedingungen und die Datenschutzerklärungen gelesen und verstanden haben? Verstanden? Wirklich?

Sind Sie sich sicher, dass Sie Ihre Daten nicht sowieso ständig und überall streuen? Weil die ganze Welt via FacebookPost wissen soll, wo sie sich gerade aufhalten, welche Musik Sie mögen, wieviel Alkohol Sie auf welcher Party getrunken haben. Die Fitness-App speichert, wie weit wir Joggen. Darf Sie ja auch, denn wir sind ja stolz darauf. Auf Instagram veröffentlichen viele Ihr Essen oder ein Foto des Schwangerschaftstests. Ziemlich persönlich, wenn Sie mich fragen.

Die SocialMedia-Plattformen wissen alles über uns. Dabei finden wir es ganz normal, dass uns unsere Geräte ständig beobachten oder belauschen. Oder hört Ihnen gerade keine Alexa, Siri oder Google zu? Wundert es Sie da wirklich, dass irgendjemand Ihre Daten nutzt, die Sie so freigiebig freigegeben haben?

Wir genießen die Freiheit wie an einem Nacktbadestrand und wundern uns, dass jeder unseren nackten Hintern sehen kann. Das wird sich auch nicht ändern, wenn man beim Betreten des Strandes vorher eine 50-seitige Erklärung lesen muss und jeder Anwesende verspricht, nicht hinzuschauen, und dass er das Gesehene ganz bestimmt gleich vergessen wird.

Und wie hilft uns die EU-DSGVO nun wirklich? Gar nicht! Es wird für Unternehmen nur schwieriger. So versinken wir künftig in einer Unzahl von Dokumentationen und Protokollen. Nachweise darüber, dass wir das Kleingedruckte gelesen haben. Wirklich? Für die großen Konzerne kein Problem, aber für kleine Betriebe und Vereine unmachbar. So müssen wir wohl in Zukunft darauf verzichten, dass uns unser Autohändler auf den TÜV-Termin hinweist oder der Sportverein zum

Geburtstag gratuliert, denn diese Daten dürften eigentlich nicht genutzt werden.

Dieses Recht auf Privatsphäre finden wir alle toll. Sagen wir jedenfalls. Und dann gehen wir hin und schreiben privateste Dinge auf die digitalen Pinnwände des SocialMedia.

Dabei machen wir uns "nackt"! Und wundern uns.

[ ] Ja, ich habe es gelesen, verstanden und stimme zu!

Mai 2018

Lesen Sie diesen Text bitte nur dann, wenn Sie eigentlich etwas Dringendes erledigen müssen....

Haben Sie denn schon mal das Wort „Prokrastination" gehört? Ich (auch) nicht. Dabei bin ich meiner Meinung nach, ein Meister auf diesem Gebiet. Vor ein paar Jahren tauchte dieses Wort auf und seitdem ist die ganze Welt wie wild nur am „prokrastinieren".

Wer nicht prokrastiniert, der existiert eigentlich nicht. Und wer behauptet es nicht zu tun, der prokrastiniert heute noch.

Sie haben es noch nie gehört? Das Wort kommt aus dem lateinischen procrastinare, als Zusammensetzung von pro (für) und cras (morgen). Es wird als extremes Aufschieben bezeichnet, daher kommt auch der zweite Name: Aufschieberitis. Es bedeutet also, irgendetwas zu tun, nur nicht das, was Sie tun sollten, und was sie nur deshalb tun, damit Sie das, was Sie tun sollten, nicht tun müssen. Sie können aber gar nichts dagegen tun.

Da Prokrastination oft mit dem studentischen Leben in Verbindung gebracht wird, kann man es an diesem Beispiel ziemlich gut erklären: Eine Studentin sollte ihre Diplomarbeit schreiben. Stattdessen spülte sie erstmal ab, hat ihr ganzes Zimmer blitzeblank aufgeräumt, Fenster geputzt, mit ihrer Mama telefoniert, sich um Liebeskummer ihrer Freundin gekümmert, im Internet interessante Artikel gelesen, usw. Viele halten somit die Prokrastination für etwas Schlechtes.

Man kann es aber auch anders sehen: Das Ergebnis von Prokrastination: Aufgeräumte Wohnungen, gepflegte soziale Kontakte, Entwicklung von Kommunikations-fähigkeiten, körperliche Fitness, erlangtes Neuwissen.

Das Ergebnis vom Schreiben einer Diplomarbeit: Die Bereicherung der Menschheit um mindestens 70 Seiten zum Thema „Wandel der Zeit unter dem Aspekt der Gender Bewegung".

Es bleibt Ihnen überlassen, was davon für die Gesellschaft eine größere Bereicherung ist.

Meiner Meinung nach ist Prokrastination nichts Böses. Sie ist eigentlich ein Ergebnis von positiven Veränderungen im Denkprozess derer, die bereits für sich erkannt haben, dass ihre Stärke woanders liegt. Vielleicht sollten wir uns alle davon ein wenig abschneiden. Vielleicht sollten wir auch mal bewusst prokrastinieren. Denn durch die Hektik unserer Welt, die uns unter Zeitdruck mit tausenden Pflichtterminen setzt, finden wir keine innere Ruhe. Und suchen jedes Mal einen Ausweg, um uns dem Stress nicht auszusetzen. Doch wir spüren, dass wir es müssen. Wenn wir allerdings eine bewusste Pause einlegen, mit einem Plan, wann wir wieder zu unseren Pflichten zurückkehren, verspüren wir vielleicht auch eine Erleichterung.

Übrigens habe ich diesen Text mal wieder 5 Minuten vor Drucklegung geschrieben, weil ich irgendetwas anderes Dringendes erledigen musste. Mein Büro aufräumen, mit meiner Mama telefonieren... Oh guck mal: ein lustigtiges Katzenvideo ;-)

Juni 2018

Was machen Sie da, mit meinen Daten?

Am letzten Wochenende wagte ich es mal wieder andere schöne Ecken unseres Landes zu besuchen und bin hinter die Grenze Lippes gefahren – nach Bielefeld. Da ich mich dort nicht genau auskenne und zu einer bestimmten Adresse wollte, schaltete ich zum zweiten Mal in meinem Leben die Google-Map-App auf meinem Smartphone ein.

Ich bin bis jetzt immer nur mit einem Stadtplan, bzw. Landkarte gut aus- und angekommen und als ich vor einigen Jahren diese App ausprobierte, fand ich die Qualität einfach nur fürchterlich und nicht zu gebrauchen.

Es hat sich aber in den letzten Jahren ganz offensichtlich einiges geändert. Die App bot mir bereits am Anfang mehrere Alternativ-Routen an, immer mit einer Erklärung, dass die eine oder andere Variante zwar kürzer ist, aber länger dauert und ich somit meinen Termin, den ich mit der Zieladresse in der Google Kalender App eingetragen hatte, nicht rechtzeitig wahrnehmen könnte. Ist das nicht genial?

Diese Vereinfachung macht mein Leben schon ein Stück bequemer. Den Termin muss man in den Kalender nicht einmal eintippen. Den kann man sogar aufsprechen. Und dann lässt man sich einfach zum Ziel navigieren. Alles mit nur einem Gerät, kein langes Suchen im Atlas, auf der Karte oder sonstwo.

Ja, Google denkt mit. Nur: Um „denken" zu können, braucht es – genauso wie ein Mensch – auch eine Informationsgrundlage, aus der man die richtigen Schlüsse ziehen kann. Man braucht Daten. Und bei sowas, wie z.B. der Berechnung der bestmöglichen Route, nicht nur die Informationen und Daten, die in allen möglichen geografischen Unterlagen stehen, sondern auch möglichst aktuelle Daten. Ist vielleicht gerade eine Sperrung vorhanden? Wie viele Autos sind denn zurzeit auf der geplanten Trasse unterwegs?

In den Genuss einer recht präzisen Antwort auf diese Fragen komme ich nur unter der Bedingung, dass Google z.B. auch von anderen Nutzern, genau diese Daten erhält und nutzen kann. Von Nutzern, die sich genau zu diesem Zeitpunkt auf meinem gewählten Weg befinden und ebenfalls durch eine App mit Google in Verbindung stehen.

Ich habe in der letzten Zeit das Gefühl bekommen, wir alle wollen unter dem Aspekt des Datenschutzes möglichst gar keine Informationen mehr über uns herausgeben. Vor allem an die „Großen" nicht, wie Google, Facebook & Co.. An die, deren Dienstleistungen davon abhängig sind, möglichst viele und aktuelle Daten auszuwerten, um uns möglichst genaue Ergebnisse zu liefern. Ergebnisse, die uns auch das Leben erleichtern können. Wie zum Beispiel die Navigation, die auf Echtzeitdaten basiert.

Wenn wir uns alle weigern und unsere Daten nicht in das digitale System einspeisen, dann dürfen wir uns eines Tages nicht wundern, dass der Output, den wir dann bekommen, eben nicht die Qualität hat, die wir gerne hätten. Dass der Weg, auf dem wir uns befinden, völlig überfüllt ist, und dass uns die Alternativroute nicht angezeigt wird. Wir dürfen uns nicht wundern, wenn wir wirtschaftlich und in Sachen Lebensqualität von anderen Ländern überholt und sogar abgehängt werden. Ländern, wo Informationen und der Verkehr dank einer qualitativ hochwertigen Datenauswertung sehr gleichmäßig verteilt sind und keiner im Stau steht. Länder, in denen das Thema Datengewinnung kein böses Wort ist.

August 2018

Ach nö! Nicht schon wieder…

Warum sind so viele Menschen ständig unzufrieden? Warum kritisieren sie ununterbrochen die ganze Umgebung, die Arbeit, die Verkehrssituation, das Wetter, das Fernsehprogramm, die Meinung anderer Menschen, die Schlange im Supermarkt, oder laut lachender Menschen am Nachbartisch im Restaurant?

Liegt es einfach an unserer Zeit, in der wir es gewohnt sind, alles was uns präsentiert wird, zu kommentieren, zu liken und in sozialen Netzwerken zu teilen, in der Hoffnung, damit wahrgenommen zu werden?

Offensichtlich fehlt es diesen Menschen an Zuspruch. Manche sind unglücklich. Meistens sind es die, die sich eben andauernd über alles Mögliche und Unmögliche beschweren und erwarten, dass ihnen automatisch geholfen wird, weil sie darauf einen Anspruch haben. Sie stehen morgens schon mit einer gerunzelten Stirn auf und wundern sich, dass das erste Gesicht, was sie morgens anschaut, nicht lächelt. Spiegel sind verdammt ehrlich.

Diese Menschen brauchen aber vielleicht auch nur eine Bestätigung. Und das ist etwas, was wir irgendwie verlernt haben. Wann haben Sie denn das letzte Mal jemanden gelobt? Loben motiviert! Ehrliches Loben, wohl betont.

Einfach mal dem Kollegen auf dem Arbeitsplatz sagen, dass er seine Arbeit gut macht. Beim Abendessen nicht nur das gekochte Essen lobpreisen, sondern auch den, der die Leckerei zubereitete. Und wissen Sie was? Sie werden merken, sowas macht Spaß. Auf beiden Seiten. Denn auch das Aussprechen eines Lobes bestätigt die eigene Zufriedenheit. Sie wird uns dadurch bewusster. Und das zaubert nicht nur ein inneres Lächeln, sondern ist auch von außen sichtbar. Zumindest auf der Stirn, die nicht mehr runzelig ist...

Apropos Lächeln! Wann haben Sie denn das letzte Mal jemanden einfach ohne Grund angelächelt? Eine Nachbarin, einen Verkäufer, oder einfach nur so einen Fremden auf der Straße?

Das Lächeln ist keine Wissenschaft. Es kostet Nichts. Und es hat sehr viele positive Auswirkungen: reduziert den Stresspegel, verbessert die Laune und ermöglicht eine einfachere Kontaktaufnahme zu anderen Menschen.

Das Lächeln macht uns glücklich. Wenn wir angelächelt werden, aber auch wenn wir selbst lächeln. Wir fühlen uns besser, wenn wir loben. Und nicht permanent kritisieren. Wenn wir wertschätzen und anerkennen. Wenn wir genießen. In diesem Sinne: Gut gemacht!

September 2018

Lass uns diskutieren!

Bereits im 19. Jahrhundert hat der britische Philosoph, Ökonom und Politiker John Stuart Mill behauptet, dass es

„die Gewissensfreiheit, also die Freiheit des Denkens und Fühlens und die Unabhängigkeit der persönlichen Meinung und Gesinnung (sowie nahezu untrennbar mit ihr verbunden das Rede- und Publizierrecht)" geben sollte." Er behauptet ganz nachvollziehbar, dass es erst in der Diskussion möglich ist, aus neu Erfahrenem eine gesicherte Wahrheit zu entwickeln, und dass selbst wenn die unterdrückte Meinung falsch wäre, „könne diese durch eine Falsifizierung zu einem noch besseren und tieferen Verständnis der Wahrheit beitragen."

Mit anderen Worten – und ganz platt gesagt – ist es für die Wahrheitsfindung besser auch die Dümmsten den richtigen Blödsinn erzählen zu lassen, da wir nicht sicher sein können, ob wir nicht zu diesen Dummen zählen und erst auf Grund einer richtigen Diskussion dies feststellen können.

Natürlich existieren auch bestimmte Grenzen für das Ausüben der Redefreiheit – das wusste bereits Mill und das darf auch heute nicht hinterfragt werden – und zwar, wenn die verbalen Aussagen die Rechte der anderen unterdrücken oder gar verletzen. Somit müssen „alle Handlungen, gleich welcher Art, die ohne gerechten Anlass anderen Schaden zufügen" verboten werden. Damit sind auch unter anderem Aufforderungen zur Gewalt oder solche zur Störung der öffentlichen Ordnung gemeint, durch die ein konkreter Schaden an Anderen angerichtet werden könnte. (Mill führt hier als Beispiel das Aufhetzen eines Mobs auf).

Gerechtigkeit geht bei Mill also aus der Möglichkeit zum Individualismus aller hervor, und die individuellen Rechte gelten nur „innerhalb der Grenzen, die durch die Rechte und Interessen anderer gezogenen werden".

Wie sieht es denn mit diesen grundlegenden Prinzipien der liberal-demokratischen Handlung im Bereich der heutigen Kommunikationsformen aus? Und gelten sie auch in sozialen Netzwerken?

Die Wahrheitssuche bedarf einer Diskussion auch – und vor allem - mit Menschen, die eine andere Meinung haben als wir selbst. Und genau an diesem Punkt entstehen in meinem Kopf Zweifel. Gerade Facebook wählt beim Filtern der Beiträge den Weg der Verbindungen zwischen Menschen mit möglichst vielen Gemeinsamkeiten. Damit führt es nicht mehr zur Diskussion, sondern nur zur Bestätigung der eigenen Thesen und deren Stärkung ohne Hinsicht darauf, ob sie richtig oder falsch sind, bzw. sein könnten.

Somit entstehen ideologische Streams, die potenziell für eine Demokratie gefährlich sind, egal ob sie liberal, sozialistisch, konservativ oder radikal sind.

Und da hilft auch keine Zensur, die der Gesetzgeber von den Betreibern sozialer Netzwerke einerseits verlangt, diese aber gleichzeitig mit dem Prinzip der Rede- und Diskussionsfreiheit konfrontiert.

Das einzige Gegenmittel gegen Verblendung ist, wenn wir aufhören uns in unseren "Filter-Blasen" zu verschließen. Sowohl online, wie auch offline. Die Facebook Algorithmen erschaffen nämlich keine neuen Blasen, sie verstärken nur die vorhandenen. Weigern wir uns also nicht, auch die Menschen aus anderen Meinungsblasen zu treffen und mit ihnen zu diskutieren.

Vielleicht entdecken wir auch andere Wahrheiten!

Oktober 2018

Abschalten!

Galileo Galilei hat es mal jede Menge Ärger bereitet, aber heute wissen wir es ganz sicher: Die Erde dreht sich. Die Welt dreht sich auch. Um jeden von uns. Jeder von uns ist ein kleiner Mittelpunkt und um jeden von uns dreht sich seine eigene Welt. Voller Ereignisse, Impulse, Menschen und Informationen...

Wir werden täglich mit Impulsen überflutet, die wir auf irgendeine Art und Weise verarbeiten müssen. Sei es einfach durch die Methode „durch ein Ohr rein, durch das andere raus." In den meisten Fällen denken wir allerdings zumindest kurz über alles nach. Und das hinterlässt Spuren. All das zwingt unser Gehirn ständig zu entscheiden; zwischen wichtig, unwichtig, notwendig, lebensbedrohlich, schön, eklig, essbar, giftig, angenehm, gewinnbringend, langweilig, usw, usw.

Wenn wir morgens erwachen, ist es bei vielen leider nicht das Gesicht des geliebten Menschen, das zuerst angeschaut wird, sondern die Anzahl der Likes unter dem letzten eigenen Beitrag bei Facebook oder Herzchen bei Instagram. Es gibt uns den Kick für den Tag und wir fühlen uns bestätigt, beliebt und beflügelt. Schnell teilen wir es der gesamten Welt mit, wir sind doch so gut drauf. Und schließlich will der heiße Morgenkaffee mit der köstlichen Crema in der neuen Tasse doch allen gezeigt werden!

Da ist noch nicht mal die Hälfte des leckeren Getränks geschlürft und schon kommen die ersten Reaktionen. „Wie toll!", „Neue Tasse?", „Ja, ich frühstücke auch gerade!", „Supi, bis gleich im Büro!"

Auf dem Weg zur Arbeit wird dann bei jeder roten Ampel die Gelegenheit genutzt. NUR kurz mal draufgeschaut, ob und wer sich noch am Gespräch beteiligt. Können wir denn gar nicht mehr richtig ohne? Selbst Fahrlehrer haben sich mittlerweile beschwert, dass sich 50 bis 60 Prozent der Schüler nicht über einen längeren Zeitraum konzentrieren und Regeln akzeptieren können. Vor 20 Jahren waren es erst 30 Prozent! Kein Wunder, dass die Schüler im Durchschnitt statt den ursprünglichen 25 Fahrstunden heutzutage bis zu 45 Stunden brauchen, was die Kosten für den Führerschein in die Höhe treibt.

Woran liegt es? Müssen wir immer das Gefühl haben, ein Teil von etwas Größerem zu sein? Verlieren wir dadurch nicht uns selbst?

Offensichtlich haben wir das Bedürfnis, permanent mit unserer Umwelt in Verbindung zu stehen. Dies wird natürlich durch die digitalen Möglichkeiten auch gut unterstützt. Es wird uns einfach gemacht, in jeder Lebenssituation schnell kommunizieren zu können. Digitale Kommunikation ist ein guter Diener. Kann aber auch ein sehr schlechter Herr sein.

Wir müssen uns im Klaren darüber sein, dass uns zu viele Impulse auf Dauer nicht gut tun. Dass wir durch diese Überflutung das wahre Leben nicht in vollen Zügen genießen können, sondern einfach nur passieren lassen. Um am Ende des Tages im Bett noch schnell der ganzen sich drehenden Welt eine gute Nacht zu wünschen und völlig erschöpft einzuschlafen.

Nein, meine Lieben. Es geht auch anders. Nur nicht von allein. Es gehört jede Menge Disziplin dazu, zumindest am Anfang. Es ist so ein bisschen wie beim Sport, wenn man lange nichts gemacht hat. Zuerst den inneren

Schweinehund überwinden und das Smartphone (oder Tablet, oder sogar beides) einfach mal bewusst für eine Stunde am Tag ganz ausschalten. Dann mal für zwei. Und dann mal für die gesamte gemeinsame Familienzeit. Und dann merkt Ihr, wie schön es ist, wenn man nicht mehr abgelenkt wird. Wie viel ruhiger die Welt wird, die sich um Euch dreht. Gönnt es Euch und gönnt es auch Euren Liebsten. Denn nicht nur Ihr, sondern auch sie müssen mal abschalten!

November 2018

Die Spinat-Lüge
...und was das mit Dieselfahrverboten zu tun hat.

„Du sollst alles aufessen, dann wirst du richtig stark", sagte mir immer mein Papa, während er meinen Teller mit Spinat, Reis und Spiegelei füllte. Er musste mich nicht ermutigen das grüne Zeug zu essen, denn mir schmeckte es. Aber warum wird man eigentlich ausgerechnet vom Spinat besonders stark?

Bis heute glauben leider immer noch viele Menschen, was bereits in den 80ern widerlegt wurde. Und zwar, dass Spinat angeblich die beste Eisenquelle sei. Nur hatte sich die Wissenschaft im 19. Jahrhundert um eine Kommastelle geirrt und dem grünen Blattgemüse 30mg statt 3mg pro 100g zugeschrieben. Manche Quellen weisen auch auf eine unterschiedliche Durchführung der Messung hin, nämlich dass der Eisenanteil in den getrockneten Blättern gemessen wurde, statt im rohen und frischen Zustand.

Ganz egal, wie es damals dazu kam, sicher ist: Dieser Irrtum beeinflusste damals das Denken vieler Menschen – und manche glauben es sogar noch heute. Durch stete Wiederholung wurde er zur vermeintlichen Wahrheit. Spinat mag vielleicht Popeye stark machen, aber besonders viel Eisen enthält es nachweislich nicht.

Laut diskutiert wird in der letzten Zeit ein anderer Wert. Der Wert von 40 μg/m³. Das ist der gültige Stickstoffdioxid - Jahresmittelwert für die Außenluft, der auf Vorschlag der EU-Kommission von den Mitgliedsstaaten bereits 1999 beschlossen und 2008 von der EU bestätigt wurde.

Die EU-Kommission stützte ihren Grenzwert-Vorschlag auf Empfehlungen der Weltgesundheitsorganisation (WHO). Diese zog den Wert von 40 μg/m³ aus einer früheren Abschätzung von 1997 heran und schlussfolgerte, dass eine Feststellung auf der Basis geeigneter Studien nicht möglich sei. Als Unterstützung für die Errechnung zitierte man eine Studie der Innenraumexposition durch Gasöfen. Heute entscheidet dieser Wert über Fahrverbote in immer mehr Städten.

Wie schon beim Spinat, wurden die steten Wiederholungen zur vermeintlichen Wahrheit. Die Sinnhaftigkeit oder auch nur die korrekte Errechnung der Grenzwerte wurde nicht mehr hinterfragt.

Dabei wird die Luft in den Innenstädten seit Jahren sauberer und die Lebenszeit der Menschen erhöht sich: Laut dem Umweltbundesamt ist die Belastung durch Stickoxide zwischen den Jahren 1990 und 2014 von 3 Millionen Tonnen auf ca. 1,3 Millionen Tonnen zurückgegangen.

Manche sehen eine Möglichkeit zur Reduzierung der Schadstoff-Belastung auch in Tempolimits, und so wird oft auf ein Tempolimit von 30km/h zurückgegriffen. Dies kann jedoch erst recht einen höheren Schadstoff-Ausstoß verursachen, da die optimale Auslegung der Motoren bei 50 – 120 km/h liegt.

Das Fraunhofer Institut bestätigte, dass sich eine positive Verkehrsverflüssigung nachweislich positiver auf alle Schadstoffe auswirkt. Denn bei flüssigem Verkehr sei der Stickstoffdioxid-Ausstoß (abhängig von Straßentyp und Geschwindigkeit) um 29 bis 55 Prozent geringer als bei „Stop & Go". Ganz interessant ist dann auch der Fakt, dass ältere Fahrzeuge mit Euro 5 die Luft oft weiniger verunreinigen als Neufahrzeuge mit Euro 6.

Es ist bedauerlich, dass Zeit, Geld und Energie in das Bilden von Hindernissen und Verboten gesteckt wird, anstatt neue Wege und neue Technologien zu entdecken und zu entwickeln.

Anstatt auf Experten zu hören und theoretische Grundlagen zu überdenken, halten wir an alten (vielleicht auch falsch errechneten) Werten fest und warten auf starke Muskeln nach nur einem Teller Spinat. Schade!

Dezember 2018

Kurze Grüße
...und warum ich Weihnachtskarten schreibe.

Vor zwanzig Jahren saß ich um diese Jahreszeit mit meinem Nokia 5110 auf dem Sofa. Ich hatte mir das damalige Wunderwerk der Kommunikationstechnik in meinem Studentenjob hart erarbeitet und beglückte nun meine ganze Freundesliste mit verschiedenen weihnachtlichen Wünschen per SMS. Gleichzeitig erfreute ich mich an den verschiedensten Texten, die ich wiederum von allen meinen Freunden bekam und erstellte sogar eine Sammlung der witzigsten, nettesten und liebevollsten Nachrichten. Für alle die, die nicht mehr wissen, was eine SMS ist: Das war und ist so etwas wie eine WhatsApp Nachricht, die man früher von einem

Handy zu einem anderen Handy verschickte, und für die man damals, wenn man noch keine Flatrate hatte, auch einzeln bezahlen musste. Aber zur Weihnachtszeit waren die umgerechnet 20 Cent immer noch günstiger als eine Briefmarke.

Die SMS sollte ursprünglich nur zur Kommunikation zwischen einem Netzbetreiber und dessen Kunden dienen, um z.B. über Störungen zu informieren. Zur Standardisierung eingereicht wurde die Idee bereits 1985 von Friedhelm Hillebrand von der Deutschen Bundespost. Seine Kollegen hielten die Idee mit Kurznachrichten jedoch für unnütz. Erst Jahre später, am 3. Dezember 1992, wurde die SMS geboren, denn an diesem Tag sendete der englische Vodafone Techniker Neil Papworth von seinem PC aus an das Handy seines Kollegen Richard Jarvis die Worte "Merry Christmas".

Der einzige Nachteil bei der SMS ist die beschränkte Länge. 160 Zeichen sind nicht viel. Deshalb war auch damals jede gereimte Nachricht ein kleines Kunstwerk.

Es machte Spaß, so schnell eine Reaktion zu erzeugen und deshalb blieb das Karten-Schreiben bei mir einige Jahre aus. Bis ich vor paar Jahren im Buchladen wunderschöne Weihnachtskarten sah und den Drang verspürte, diese an jemanden zu verschicken, damit er sich auch daran erfreuen kann.

Ich kaufte sie und setzte mich noch am gleichen Abend an meinen adventlich geschmückten Küchentisch. Aus dem Radio hörte ich leise spielende Weihnachtsmusik und durch meinen Kopf schossen Erinnerungen an die gemeinsamen Zeiten mit den Menschen, an die ich grade schrieb.

Es war viel sinniger, als eine schnelle Nachricht. Ich hatte das Gefühl, diesen Abend mit allen diesen Menschen verbracht zu haben. Und das fand ich schön.

Es hatte etwas Beruhigendes in sich. Ich konnte die Emotionen aus den Gedanken in alle möglichen Worte fassen und war nicht begrenzt auf eine bestimmte Anzahl von Zeichen. Mir liefen auch gleichzeitig zu den Erinnerungen neue gemeinsame Pläne durch den Kopf und ich freute mich auf das kommende Jahr, in dem ich diese Menschen wieder treffen würde, um gemeinsam viele schöne Tage zu verbringen.

Die Karten schreibe ich seitdem jedes Jahr, immer wieder. Weil es mir wichtig ist, in mich zu gehen, das Jahr in meinen Gedanken zu rekapitulieren und Pläne für das neue Jahr zu schmieden. Weil ich weiß, dass mir damit bewusster wird, was ich alles erlebt habe und was ich im neuen Jahr erleben möchte. Es ist der Moment, in dem ich fühle, wie das alte Jahr endet und das neue beginnt.

In diesem Sinne wünsche ich Ihnen: Frohes Schreiben! Schöne Erinnerungen! Und spannende Pläne für das neue Jahr!

März 2019

Stopp! Lass mich in Ruhe! Und wenn nicht? Was dann?

Jonas sitzt auf der letzten Stufe der Eingangstreppe und weint. Er fühlt sich unwohl, klagt über Kopfschmerzen und meint, es wäre doch besser, wenn er heute zu Hause bleibt. Morgen wird es doch bestimmt wieder besser.

Wo tut es denn genau weh? Na, so allgemein. Gibt es heute vielleicht einen Test, vor dem er sich fürchtet? Mit einem "Nein" beantwortet er die Frage seiner besorgten Mutter und seine Augen füllen sich wieder mit Tränen. "Ich will nur nicht schon wieder getreten und gehauen werden. Das tut mir immer sehr lange weh!"

Zu seiner Klassenlehrerin hat er bereits das Vertrauen verloren. Als er beim letzten Mal zu ihr kam, um sich Hilfe zu holen, weil er auf dem Schulhof getreten wird, sagte sie, sie kann nicht beurteilen wer angefangen hat. So durfte er danach abwechselnd mit seinem Mitschüler auf der Bank der Schande sitzen.

Da wächst einerseits die Machtlosigkeit, aber auch die Wut. Auch bei den Eltern. Nächsten Mal trittst du ihn einfach zurück! Und so stark es nur geht! Ans Schienbein! … "Aber Mama, ich kann das nicht. Ich kann doch die Regeln nicht brechen!" In dem Moment wird klar, wie verletzt, hilflos und doch noch vernünftig der Junge ist.

Der hier geschilderte Fall ist leider keine Fiction. Und auch leider kein Einzelfall.

Ab dem wievielten "Stopp!", ab dem wievielten Schlag oder Tritt darf sich der Mensch eigentlich wehren?

Würden wir denn in unserer 'Erwachsenenwelt' auch so lange zögern und Verständnis für den Täter zeigen, wie man das von unseren Kindern erwartet?

In einem Staat mit funktionierendem Rechtssystem, verlassen wir uns darauf, dass der Täter bestraft wird. In manchen Schulen versucht man es jedoch (oft viel zu lange) mit verständnisvollen Gesprächen. Und so werden Kinder zum zweiten Mal zum Opfer, wenn die Lösung darin liegt, dass sie sich die Hand schütteln und vertragen sollen, oder dem Täter bitte aus dem Weg gehen (müssen).

Einer Studie zufolge sind deutsche Kinder und Jugendliche in einem weltweiten Vergleich besonders schlecht auf die Schule zu sprechen. Für die «The Children's Worlds»-Studie der britischen York Universität und der Schweizer

Jacobs Stiftung wurden insgesamt 56.000 Kinder in 16 Ländern verschiedener Kontinente befragt.

"Meine Lehrer behandeln mich fair" – das meinen in Deutschland so wenige Schüler, dass Deutschland mit der Quote auf dem vorletzten Platz landet.

"Ich fühle mich sicher in der Schule" – selbst dabei landet Deutschland auf dem drittletzten Platz.

Wie kann es sein, dass in kaum einem anderen Land die Zahl der Kinder, die ausdrücklich "unglücklich" mit ihren Klassenkameraden sind, so hoch ist, wie in Deutschland? Laut der genannten Studie sind es 20 Prozent. Dabei ist die Dunkelziffer bei Mobbing immer noch sehr hoch. Es wird von 30 Prozent gesprochen, die bekannt sind. Die Belastung der Kinder kann sich dann oft durch Bauch – oder Kopfschmerzen bemerkbar machen.

Was erziehen wir so für Menschen? Setzt sich dieses Verhalten später am Arbeitsplatz fort? Und schlagen die Opfer dann irgendwann mal zurück? Ist (Gegen-) Gewalt eine Lösung?

Hier dürfen die Lehrer, die Gesellschaft, wir alle nicht wegschauen, sondern rechtzeitig gegensteuern.

Diskutieren wir darüber. Wichtig ist jedoch, dass es nicht bei Diskussionen bleibt, sondern auch Taten und Strafen folgen.

April 2019

Neiddebatten…

Neid gehört zu den natürlichen menschlichen Emotionen. Er wird allerdings nicht als positive Emotion bezeichnet. Das Christentum bewertet Neid sogar als eins der größten Sünden. Neid ist eine Sehnsucht nach dem, was ein anderer besitzt. Manchmal führt er zur Eifersucht oder sogar bis zum Hass, sodass der neidische Mensch versucht das Objekt der Sehnsucht auch unter verwerflichen Umständen zu ergattern.

Warum wird ein Mensch eigentlich neidisch? Als eine der Ursachen wird häufig das Minderwertigkeitsgefühl bezeichnet. Wenn ich mit dem, was ich habe, nicht zufrieden bin, werde ich neidisch auf das, was andere haben. Was jetzt manche vielleicht überrascht – die Werbung steht oft auf der Grundlage des Erweckens von Neidgefühlen. Sie sagt uns z.B., dass wir dringend diese Jeans haben müssen, um genauso gut auszusehen, wie das Model.

Auch in der Politik findet Neid statt.

Nehmen wir nur die neue Urheberrechtsreform. Artikel 13, später dann 15 oder welche Nummer dann auch immer. Mag sein, dass man auf der europäischen Ebene eine Lösung für bekannte Probleme mit beim

Urheberrecht suchte. Rausgekommen ist allerdings eine Jagd auf die bösen großen Internetplattformen und SocialMedia-Dienste. Eine Jagd auf die Unternehmen, die uns allen (meist kostenfrei) ihre Technik zur Verfügung stellen, inklusive ständiger Weiterentwicklung und Verbesserung der Sicherheitsstandards. Sie ermöglichen uns, die Kommunikation mit unseren Freunden, das Teilen unserer Gefühle, unserer Witze, unserer Erfolge und Niederlagen, und an der gleichen Stelle geben sie gewerblichen Kunden die Möglichkeit, passende Zielgruppe anzusprechen. Das diese Anbieter ebenfalls Geld verdienen wollen ist doch normal. Wer von uns würde wohl all die Programme schreiben und die Server kostenlos zur Verfügung stellen? Einfach nur so, ohne Gehalt, Gewinn oder irgendeine sonstige Einnahme?

Aber nein, es reicht einigen (und leider zu vielen) Politikern in der EU nicht, dass wir diese Dienste kostenfrei nutzen können. Sie finden es skandalös, wenn diese Plattformen mit unseren hochgeladenen Daten dann über die Schaltung einer Werbung Geld verdienen. Und weil man bis jetzt keine funktionierende Lösung fand, um das verdiente Geld steuerlich auch in Europa zu belasten (was ohne Zweifel fair wäre), wurde ein anderer Weg gesucht, die Anbieter doch noch irgendwie zu melken. Oder melken zu wollen. Denn so wie die Verordnung formuliert ist, sind viele Definitionen sehr schwammig formuliert. Wenn sie auf nationaler Ebene genauso bestätigt werden, wird es erstmal einige Gerichtsurteile geben müssen, um festzustellen, wie die richtige Handhabung ist.

Die Großen Anbieter (wie z.B. Google News) werden eine Lösung finden. Vielleicht auch über die Abschaltung einige Dienste in Europa, wie es bereits 2014 in Spanien nach der Einführung des neuen Leistungsschutzgesetzes geschah.

Das wäre schade für die Nutzer.

Aber um über Neid zu sprechen, müssen wir gar nicht aus Lippe raus. In den Medien herrschte vor kurzem ein reger Meinungsaustausch zum Thema DT und LE Kennzeichen. Wohlgemerkt zusätzlich zu den jetzigen LIP.

Ich finde LIP großartig. Ich kann aber auch nachvollziehen, dass jemand so stolz darauf ist, nicht nur aus Lippe zu kommen, sondern direkt aus Detmold, dass er dies gerne auf seinem Wagen sichtbar machen möchte. Für ein NEIN bei der Entscheidung des Kreistages fehlen mir ehrlich gesagt gute Gründe. Als Wunschkennzeichen deklariert, würde es der Kreiskasse sogar mehr Geld einbringen. Auch die erhöhte Möglichkeit für mehr kurze Kennzeichen oder bestimmte Buchstaben- oder Zahlenkombinationen hat für viele Autobesitzer durchaus seinen Reiz.

Den Superpreis für den größten Neid gewinnt in meinen Augen allerdings die folgende Äußerung:

"Oerlinghausen hat ja auch kein extra Kennzeichen. Da brauchen Detmold und Lemgo auch keins."

Also wenn nur mancher, dann doch lieber keiner? Warum gönnen wir anderen nicht ihr Glück? Vor allem wenn es sich (nur) um ein Autokennzeichen handelt?

Nutzen wir unsere eigenen Neidgefühle doch lieber als eine Inspiration. Als einen Motor, selbst besser zu werden, und nicht als Notwendigkeit, andere runterzureißen. Freuen wir uns doch einfach mal auch für das kleine oder große Glück der anderen. Vielleicht gönnt man uns dann auch wieder mehr.

Juni 2019

Shitstorm...

Die ersten wichtigen gesellschaftlichen Regeln, wie das Grüßen oder wie man mit dem Besteck isst, ohne sich die Augen auszustechen, lernten wir von unseren Eltern. Das Lesen, Schreiben und Rechnen dann von unseren Lehrern. Wer brachte uns aber bei, wie wir uns denn im

World Wide Web, in den sozialen Netzwerken verhalten sollen?

Nach dem politisch motivierten und effektvoll inszenierten Video eines YouTubers kurz vor den Europa-Wahlen, taucht vermehrt die Frage nach der Notwendigkeit von Regeln und der Handhabung dieser medialen Phänomene angesichts der scheinbaren momentanen Regellosigkeit auf.

Manch einer spottet auch: "Das ist halt für uns alle Neuland." Offensichtlich nicht für alle, aber doch wohl für zu viele, die sich überraschend "überrascht" zeigten.

Laut diversen „Verschwörungstheorien" ging es hier gar nicht um eine freie Meinungsäußerung, denn hinter dem Protagonisten steht ein großer Konzern. Es war alles geplant, mit einem zerstörerischen Gedanken. Und somit werden die Rufe nach einer Regelung richtig laut.

• Wer darf und wer nicht?

• In welchem Umfang darf er?

• Wann darf man eingreifen?

• Wer darf überhaupt eingreifen?

• Und wer kontrolliert das alles?

• Und wer hilft mir, wenn mir Unrecht angetan wird?

Viel zu viele Fragen, die alle nicht in kurzer Zeit beantwortet werden können. Das Netz bietet trotz geltender Gesetze so viele Möglichkeiten, sich an Regeln nicht halten zu müssen. Schon gar nicht an den gesellschaftlichen Regeln, wie gutes Benehmen im Netz, die sogenannte Netiquette. Aber die ist mittlerweile vielleicht zusammen mit AltaVista, StudiVZ und Second Life in Vergessenheit geraten. Und wenn Sie sich jetzt fragen: Alta... was? Ja genau. Das Netz ändert sich rasant schnell. So schnell, dass man vieles Gute nicht mehr kennt und doch vor allem die Schattenseiten nie vergisst.

Es fängt mit bösen Kommentaren an, geht über Spammen und gelegentliches Trollen, bis hin zum Erstellen von Fake News. Früher hat man die Wände der Schultoiletten bemalt oder in einer verrauchten Bierstube gemeckert. Heute findet das alles in den sozialen Netzwerken statt und ist somit auch wesentlich sichtbarer geworden. Ein Troll erreicht auf Facebook nun mal wesentlich mehr Menschen als auf öffentlichen Toiletten.

Im Schutze der scheinbaren Anonymität wechseln sich Übermut, Fremdschämen, Geltungssucht und echte inhaltliche Anliegen ab, so dass dann auch schon mal Dinge rausgehauen, Postings geteilt und skandalöse Inhalte geliked werden, bei denen man nicht mehr so genau hinschaut.

Wo will man auch die Zeit dafür hernehmen? Das Netzt ist dafür viel zu schnell und man muss ja seinen "Senf" dazugeben, bevor schon wieder eine andere Plattform angesagt ist.

Trotzdem sollte man nicht alles schlecht reden und jedes Posting oder Video gleich als Spinnerei abtun. Selbst dann, wenn es noch so großer Unsinn ist, so kann es doch die Gedankenwelt und die Anliegen vieler Menschen widerspiegeln. Und die muss man ernst nehmen.

Über Form und Stil können und müssen wir reden, aber die Freiheit, alles sagen zu dürfen, muss bleiben. Egal ob man sich damit zum Volldeppen oder zum Helden macht.

Seien Sie kritisch. Reden Sie Klartext. Aber bitte mit Respekt und einem Mindestmaß an Netiquette.

Juli 2019

Der Klimaschutz beginnt im Kühlschrank...
Zurück zum Sonntagsbraten?

Laut einer Studie werden von der weltweiten Lebensmittelproduktion fast ein Drittel der genießbaren Bestandteile weggeworfen. Diese Lebensmittelverluste und -abfälle werden somit auf 1,3 Milliarden Tonnen pro Jahr geschätzt. Dabei geht der größere Teil in den weniger entwickelten Ländern bereits in der Landwirtschaft und Produktion flöten, in den Industrieländern dagegen werden diese Lebensmittel weggeworfen oder gar nicht erst geerntet, weil deren Form oder Aussehen nicht der gewünschten Norm entsprechen.

Ich weiß, diese Zahlen hören sich so fremd an. So weit weg. Sie klingen zwar alarmierend, wir finden sie schlimm, sehen aber trotzdem irgendwie keinen Zusammenhang mit unserem täglichen Einkauf. Und doch ist es die Art, wie sich unser Konsum in den letzten Jahrzehnten entwickelte, die den gesamten Produktionsweg beeinflusst. Wir wollen jederzeit Zugriff auf alle Waren haben. Wir wollen im Winter leckere Tomaten und Gurken essen, wir finden es schön, die Torte im Januar mit frischen Himbeeren zu schmücken. Unsere Nachfrage nach diesen Produkten ist der Grund, warum sie für uns produziert, verpackt und oft über weite Wege transportiert werden. Diese ständige Erreichbarkeit aller Produkte auch außerhalb der Saison ist zwar praktisch, allerdings nicht besonders gut mit dem in der letzten Zeit so häufig besprochenen Klimaschutz vereinbar.

Die Lebensmittelverschwendung findet aber auch nach dem Einkauf statt. Gekauft wird schon längst nicht nur das Notwendige. Wir alle lassen uns leicht von günstigen Angeboten locken und legen in den Wagen so manches, was nicht auf unserer Liste stand. Es macht irgendwie zufrieden, wenn wir dann vor dem Kühlschrank stehen und uns an der möglichen Auswahl für das Abendessen erfreuen können.

Und jetzt mal ehrlich. Wer von Ihnen fand schon im Kühlschrank etwas, was leider nur noch für die Tonne war? Und wie oft? In einem Haushalt wird fast ein Viertel der eingekauften Lebensmittel weggeworfen. Vieles davon sogar ungeöffnet. In Deutschland werden im Jahr rund 55 Kilogramm Lebensmittel pro Person entsorgt. Fünfundfünfzig Kilo!

Das hat natürlich auch einen riesigen Einfluss auf die Ressourcen, mit denen diese Lebensmittel erzeugt wurden. Sei es Acker, Futter, Arbeit und nicht zuletzt Wasser. Bis ein Kilo Brot entsteht, werden rund 1.600 Liter Wasser benötigt. Für ein Kilo Käse sind es schon mehr als 5.000 Liter, bei Rindfleisch sogar über 15.000 Liter.

Laut Statistiken werden bei uns rund 60 Kilogramm Fleisch pro Person im Jahr gegessen. Ein Schlachtschwein hatte im Jahr 2018 ein Durchschnittsgewicht von 94 kg. Wenn man den natürlichen Schlachtabfall abzieht, könnte man sagen – für jeden von uns muss jedes Jahr mindestens ein Schwein zum Schlachthof. Wenn wir hier einen Blick auf die notwendigen Ressourcen werfen: Pro Kilo Schweinefleisch sind es 6,4 kg Futter und rund 5.000

Liter Wasser. Das sind 300.000 Liter Wasser pro Person im Jahr, die nötig sind, um unseren jetzigen Fleischkonsum zu decken.

Für alle, die sich jetzt über Fleischesser aufregen: Mit einem Kilo weggeworfenen Äpfeln werfen wir auch 800 Liter Wasser weg, die für die Ernte notwendig waren! Das klingt zwar nach viel weniger, als beim Fleisch, aber da die Äpfel günstiger im Einkauf sind, werden sie gerne mit gutem Vorsatz gekauft, um dann doch zur Hälfte in der Tonne zu landen, weil es dann doch mehr waren, als man eigentlich essen wollte.

Und jetzt fragen Sie sich, wie könnte jeder von uns etwas Gutes für den Klimaschutz tun? Ganz einfach! Bewusst einkaufen! Nicht nur regional, sondern auch in Mengen, die ausreichen und unsere Bio-Tonnen nicht unnötig füllen. (Ein Hinweis nicht nur für den sparsamen Lipper: Weniger Abfall bedeutet zwangsläufig weniger Abfuhrgebühr!) Und vielleicht mal den ärztlichen Rat befolgen: Es darf auch weniger Fleisch auf dem Teller sein. Nicht nur, dass es gesünder sein soll, sondern es spart auch jede Menge Wasser in der Produktion. Machen wir es vielleicht wie früher: Einmal pro Woche ein schönes Stück Fleisch. So ein Sonntagsbraten ist eine gute Sache. Für uns alle und für das Klima offensichtlich auch.

September 2019

Frohes neues Jahr!

Wie jetzt, es ist doch erst September!? Ich weiß nicht, wie es Ihnen geht, aber irgendwie ist für mich schon immer das neue Schuljahr eben DER Jahresanfang. Nach der Ferienzeit, in der die Arbeit nur durch sehr angenehme Sachen unterbrochen wird, wie Urlaub, Freibadbesuch, Ausflüge in die Natur und zu den spannenden Sehenswürdigkeiten, wird mit dem Anfang des Schuljahres alles wieder irgendwie ernst. Geregelt. Durchgeplant. Eigentlich möchte ich mich innerlich noch überhaupt nicht darauf einlassen, aber was muss, das muss. Jetzt kommen wieder Hausaufgaben, Elternabende und vor allem: Jemand muss dem Nachwuchs erklären, dass jetzt wieder Disziplin gefragt wird. Angefangen mit dem morgendlichen Aufstehen.

Jedes Mal frage ich mich, wie ist es denn möglich, dass die Umprogrammierung der Kinder in den Ferienmodus so großartig am letzten Schultag klappt, und umgekehrt hat man am ersten Schultag das Gefühl, nicht einmal die gleiche Sprache zu sprechen. Das Einzige, was tadellos funktioniert, ist der Reset-Knopf, allerdings nicht um Blödsinn aus dem Kopf zu löschen, sondern lediglich, um das so mühsam erworbene Schulwissen vom letzten Jahr ins Nirvana zu jagen. Und merkwürdigerweise hat dieser

Knopf einen Selbstauslöser. Meistens dauert es bis zu 6 Wochen, bis sich alles wieder einpendelt. Gut, dass dann gleich Herbstferien folgen.

In meinem neuen Jahr sollte es naturgemäß auch einige gute Vorsätze geben, denn man kann immer etwas besser machen. Ohne lange nachdenken zu müssen weiß ich jetzt schon, dass ich folgendes erreichen möchte:

1. Es wird mich nicht überraschen, wenn die Federmappe, das Frühstück oder ein Buch zu Hause bleibt. Es ist mein Kind, meine Gene, ich kenne das und bin vorbereitet.

2. Es wird mich nicht überraschen, dass der Nachwuchs nicht mehr weiß, wie viel 8x8 ist, obwohl man auch bei Minecraft ordentlich mit mathematischen Formeln arbeiten muss und dort klappt es problemlos.

3. Ich bleibe ruhig, wenn ich den Satz höre: „Das haben wir nicht gelernt." Ich weiß ganz genau, dass es nicht stimmt, also kann ich es auch gleich ignorieren.

4. Ich werde auch ruhig bleiben, wenn ich den Satz höre: „Der Lehrer sagte uns nicht, dass wir an dem Tag einen Test schreiben." Es ist nämlich unmöglich, dass die Lehrer alle so schusselig sind, um es so oft zu vergessen.

5. Und auch der Satz „In der Schule haben wir es aber anders gelernt!" wird mich nicht aus der Reserve locken. Nein, liebe Kinder, die Regeln der Deklination oder der

Flächenberechnung haben sich in den letzten Jahren nicht geändert!

Es wird sich im Laufe des Schuljahres bestimmt noch einiges finden, in dem ich mich bessern kann. Es kann also sein, dass ich meine Liste der guten Vorsätze noch erweitere. Und auch wenn nicht, sind die erwähnten Vorsätze auch schon viel Wert. Vor allem, wenn es mir gelingt, sie auch langfristig umzusetzen.

Ich wünsche allen Eltern der schulpflichtigen Kinder starke Nerven, der erste Monat ist schnell vorbei und dann sind ja schon wieder Ferien!

November 2019

Der Duft der Freiheit...

Es war ein ganz normaler Tag. Ein ganz normaler Freitag im November. An diesem Morgen vor dreißig Jahren war dieser Tag in der tschechischen Stadt Krnov, in der ich geboren wurde, noch gar nicht außergewöhnlich. Meine Eltern waren auf der Arbeit, meine kleine Schwester und ich saßen in der Schule.

Nach der großen Pause verhielten sich die Lehrer irgendwie merkwürdig. Der Unterricht war ungewöhnlich still, wir sollten etwas abschreiben und die Lehrer sind die meiste Zeit auf den Flur gegangen. Die Spannung konnte man in der Luft förmlich spüren.

Als ich nach Hause kam, saßen meine Eltern mit meiner Oma am Küchentisch und diskutierten aufgeregt. Meine Mama versuchte uns Kindern zu erklären, was gerade passiert und dass es gut ist, dass es passiert. Ich erinnere mich, dass Papa sagte, der Opa würde sich freuen. Abends saßen wir dann alle am Tisch und hörten das Radio Free Europe, wo man über brutale Einsätze der Sicherheitskräfte gegen die Studenten in Prag berichtete. Alles klang gefährlich, beängstigend und trotzdem spürte ich bei meinen Eltern eine Atmosphäre der Hoffnung.

Es blieb spannend. Nicht nur die Tage danach, in denen sich immer mehr Menschen den Studenten mit dem Wunsch nach Demokratie und Freiheit in verschiedenen weiteren Demonstrationen anschlossen, sondern auch in den weiteren Monaten, in denen sich aus dem Ruf nach Veränderung auch eine neue Bürgerbewegung formte. Es wurde nicht nur demonstriert, sondern es wurde Tag und Nacht an der Freiheit gearbeitet.

Vielen kommt es absurd vor, dass man früher Schlange stehen musste, um Bananen, Orangen, oder auch Fahrräder, Waschmaschinen, Fernsehgeräte kaufen zu können. Dass es am Samstag und Sonntag kein Brot gab. Und um ein Auto zu kaufen, musste man sich in eine Liste eintragen lassen und manchmal auch mehrere Jahre auf das Auto warten. Sogar Damenbinden waren genau zugeteilt und keineswegs überall erhältlich.

Ich frage mich manchmal, wie mein Leben aussehen würde, wenn der November 1989 anders verlaufen wäre. Ich hätte vermutlich nicht studieren dürfen, denn so erging es meiner Mama, der das Medizinstudium trotz bester Noten verweigert wurde. Nur weil mein Opa nicht in die Partei eintreten wollte und daher auch selbst nicht mehr an der Hochschule unterrichten durfte.

Ich hätte vermutlich nicht so einfach nach Deutschland ausreisen dürfen, und hätte niemals den Mann meines Lebens kennengelernt. Und selbst wenn, dann hätte ich nicht die Möglichkeit gehabt, wieder zurückzukommen, um einfach nur meine Eltern zu besuchen.

Ich fand es wundervoll, als ich im Buchladen meine Lieblingsbücher einer früher verbotenen Autorin kaufen konnte. Und dazu noch viele weitere Literaturschätze, die den Weg über die Grenze nie schafften.

Welch' Freiheit, lesen zu dürfen, was man möchte!

Wir sollten unseren jungen Generationen oft darüber berichten, was Freiheit bedeutet. Wie schwierig es ist, sie zu erkämpfen, und sie zu behalten. Und dass sie es wert ist, beschützt zu werden. Denn unser Nachwuchs erlebte selbst nie die unfreie Welt. Die Freiheiten, die wir genießen, sind für sie selbstverständlich. Sie waren für sie schon immer da. Sie haben es nie anders kennengelernt.

Freiheit ist der große europäische Gedanke und beginnt doch im Kleinen. Im alltäglichen Leben. Und mit der Freiheit kommt auch die Verantwortung.

Wir müssen Kindern und Jugendlichen aufzeigen, dass es ein großes Glück ist, studieren und arbeiten zu dürfen, was man möchte. Aber wir müssen auch klarmachen, dass die persönliche Freiheit nicht auf Kosten der Allgemeinheit gelebt werden darf. An Regeln muss man sich halten, damit eine Gesellschaft funktioniert, denn sonst kann diese die Freiheiten nicht lange bewahren und wird automatisch versuchen, die Freiheiten wieder einzugrenzen.

Damit das nicht geschieht, müssen wir jeden Tag für die Gesellschaft, die uns diese Freiheit ermöglicht, kämpfen. Manchmal mit Plakaten auf Demonstrationen, manchmal mit Abstimmungen in Parlamenten und täglich mit unserem persönlichen Verhalten in unserem privaten Umfeld.

Verteidigen, aber genießen Sie auch bewusst jeden Tag die Freiheit! Sei es bereits morgens beim Bäcker, wenn Sie sich entscheiden dürfen, ob es heute ein Käse- oder Rosinenbrötchen sein soll, oder vor dem Fernseher bei der Wahl des Abendprogramms. Denn auch das war und ist heute noch nicht überall selbstverständlich...

Dezember 2019

Ich liebe ihn trotzdem!

Wir lieben ihn, wir hassen ihn, er ist großartig, er ist furchtbar, er ist lustig oder peinlich. Ich spreche vom letzten Tag des Jahres – Silvester. Wir erleben ihn unterschiedlich. Als ein wunderbares Treffen mit lieben Freunden, als spaßige Veranstaltung im Kabarett, als „weiß-nicht-wie-viel-noch-Gänge-Menü" oder in zärtlicher Zweisamkeit auf dem Dach mit Blick über die ganze Stadt.

Die letzten Tage des alten Jahres versuchte ich früher hektisch noch alle angefangenen Sachen zu Ende zu bringen. Als ob ich sie ab dem Neujahr nicht mehr anfassen dürfte. Ich nutzte da noch Papier-Terminplaner. Alles was drin stand und nicht zum Ende des Jahres abgeschlossen war, musste ich in das neue Buch umschreiben. In den neuen, sauberen Kalender, der sich auf neue Aufgaben freute. Auf NEUE Aufgaben. Deshalb mussten die älteren eben erledigt werden, um den Platz nicht zu vereinnahmen.

Seit einigen Jahren tippe ich meine Aufgaben und Termine in den digitalen Kalender. Ist zwar nicht so schön, wie diese wunderbaren Terminplaner, die ich jedes Jahr im Buchladen bewundere, aber eben praktisch und mit meinem durchgeplanten Leben doch ein Stück besser vereinbar. Ich merkte, dass mich mit dem Wechsel auch die Hektik verließ. Es gibt kein Zwang mehr, alles noch vor dem Jahresumschwung fertig zu haben.

Andererseits schiebt man in der Rubrik "das-erledige-ich-irgendwann" auch schnell mal einige Dinge über ein paar Jahre vor sich her. Insofern hatte dieses abarbeiten zum Jahresende hin auch durchaus seine Vorteile. Viele Dinge würden vermutlich nie erledigt, wenn es die sogenannte "letzte Minute" nicht gäbe.

Und wo ich gerade über die Zeit nachdenke:

Ich hörte neulich, dass die Zeit im Dezember in zwei Abschnitte geteilt wird. Vom 1. bis zum 24. heißt sie: Ihr sollt es nicht essen! Und danach: Ihr esst ja gar nicht! Ich musste bei dem Gedanken lächeln.

Es stimmt nämlich. Als ich klein war, hieß es schon immer beim Plätzchen backen, dass es nicht zum sofortigen Verzehr ist, sondern erst an Weihnachten gegessen werden darf. Bereits beim heraus nehmen aus dem Ofen standen wir daneben und versuchten Mama zu überzeugen, dass dieses oder jenes Stück nicht so gut gelungen war und dringend gegessen werden muss. Die verschiedenen Sorten wurden dann in Papierkartons im kühlen Raum eingelagert, damit sie weich werden, reifen. Wir Kinder, aber auch unser Papa, gingen natürlich immer heimlich naschen. Und es schmeckte hervorragend.

Ab dem Heiligabend war dieser Heißhunger weg, der Süßkram verlor die weihnachtliche Vorfreude und blieb immer auf dem Tisch liegen. Wenn wir dann einen solchen übriggebliebenen Keks kurz vor Jahresende fanden, dann mussten wir ihn natürlich schließlich doch noch schnell wegnaschen, bevor die Silvesterparty ins Wohnzimmer einzog. Quasi in letzter Minute.

Solche Erledigungen funktionieren irgendwie ganz von alleine. Ohne Terminkalender. Und wenn man sich für den Keks einen Moment Zeit nimmt und dazu einen heißen Kakao genießt, dann wird der letzte Tag im Jahr sogar noch ein bisschen schöner.

Trotz all dem übrigen Stress an diesem Tag. Ich liebe ihn trotzdem.

Ich wünsche Ihnen und Ihren Familien eine besinnliche Weihnachtszeit, einen tollen Jahreswechsel und viele kleine und große Momente. Vielleicht sogar mit einem leckeren Keks.

Februar 2020

Das Selfie... - ein Höhepunkt des Egoismus

„Also als ich jung war…" …war es nicht so. Gab es sowas nicht. Hört man oft und es sind nicht die neuen Technologien gemeint, sondern der Drang, sich in den Mittelpunkt zu stellen.

Früher fotografierte man all die schönen Dinge, die einen umgaben, heute ist es beinahe zur Notwendigkeit geworden, sich täglich im besten Licht präsentieren zu wollen und der ganzen Welt zu zeigen, was für ein Star in uns allen steckt. Denn das, was danach kommt, macht süchtig. Es ist der digitale Applaus, die ganzen Likes und positive Reaktionen. Sie stärken in uns das Gefühl, wir sind einzigartig, toll, die Besten.

Wir fühlen uns stark, von unserer Umgebung bestätigt. Wenn wir aber lernen, und unsere Kinder machen es bereits von klein auf, ständig nur im Mittelpunkt zu stehen, bleibt mit der Zeit die Fähigkeit, sich als Teil einer Gemeinschaft zu sehen, auf der Strecke.

Es ist wunderbar, wenn wir unsere Kinder als Individualisten erziehen. Wir müssen nur höllisch dabei aufpassen, denn der schmale Grat zu Egoismus ist sehr leicht zu erreichen.

Im letzten Jahr kam in einer Studie der Universität Bielefeld heraus, dass fast ein Drittel aller Jugendlichen keinen Gemeinschaftssinn hat. Wir versuchen selbst alles um uns herum so zu organisieren, damit wir möglichst unabhängig von allen äußeren Einflüssen sind. Wir schaffen unseren Kindern Zeit fürs Lernen und für Hobbys, damit sie möglichst lange das „Kind sein" genießen können. Wir schirmen sie ab, damit sie möglichst leicht durchs Leben kommen.

Eine der Folgen des Wohlstandes, in dem wir und unsere Kinder leben, ist die Unmöglichkeit und dann auch Unfähigkeit ein Risiko zu erleben. Ein Risiko zu durchleben, ist für uns wichtig. Die Natur zwingt allen Wesen Risiken auf, damit wir unsere Instinkte trainieren. Damit wir feststellen, was wir ertragen können. Wo liegen die Grenzen unseres Organismus? Damit wir verstehen, was für uns nicht mehr geht. Was uns weh tut. Erst wenn wir selbst den Schmerz erlebt haben, können wir verstehen, was andere in der gleichen Situation empfinden. Erst dann entwickeln wir eine tiefere Empathie. Erst, wenn wir Risiken und deren Folgen für uns selbst und auch für unsere Mitmenschen wahrnehmen können, sind wir fähig in einer gesellschaftsrelevanten Dimension zu handeln. Erst dann spielt für uns der Begriff „Rücksicht" eine Rolle. Erst dann lernen wir es, mit verschiedenen Aspekten der Gemeinschaft, wie Empathie und Solidarität, aber auch

Gleichgültigkeit und der Abwertung von Schwächeren, umzugehen.

Wir finden es toll, wenn junge Menschen durch die Welt reisen und alle paar Monate woanders arbeiten. Wir rechtfertigen es als "Erfahrungen sammeln".

Das wäre auch so, wenn diese Menschen auch immer wieder zurückkommen würden. Oft ist es aber nicht der Fall.

Wenn man darüber näher nachdenkt, kann man zu der Auffassung kommen, dass dieses Verhalten ein wenig an eine Heuschrecke erinnert. Kurz das Beste auffressen und ohne Rücksicht einfach weiter tingeln, ohne etwas zurückzugeben.

In unserer Gesellschaft fehlt heute leider immer mehr die Ortsverbundenheit. Wir sind hungrig nach Möglichkeiten, Risiken sind für uns nicht greifbar und somit verlernen wir es, mit Konsequenzen zu leben, weil wir einfach weiter tingeln können.

Sich mit einem Ort, mit den Menschen, der eigenen Familie verbunden zu fühlen, und auch danach handeln, heißt in erster Linie dafür zu sorgen, dass die Familie, als kleinste und wichtigste Sozialeinheit des Staates, intakt bleibt. Dass dort das Nehmen und Geben einen Ausgleich findet und dann auch nach außen funktionieren kann.

Das alles kann allerdings nicht auf einer digitalen Ebene funktionieren. Menschen sprechen miteinander immer weniger – sie widmen sich immer mehr dem elektronischen Kommunikationsersatz. Das ist ein gefährlicher Trend, bei dem nur ein Bruchteil der Information beim Empfänger landen kann. Denn Worte sind nur ein winziger Teil der Kommunikation. Um zu verstehen, müssen wir auch Emotionen wahrnehmen können. Und die kann man nicht durch Emojis bei WhatsApp ersetzen.

Darüber hinaus stehe bei einem Selfie nur ich - und immer nur ich - und wieder nur ich im Zentrum aller Dinge.

Ich, ich, ich. Gerade wegen dieser Selbstverliebtheit und maßlosen Überbewertung der eigenen Person gerät oft die Gemeinschaft und auch unsere Gesellschaft ins Wanken.

April 2020

Ein wenig Anarchie zum Frühstück…

Eine Zeit, die sich mit nichts, was wir kennen, vergleichen lässt. Wir alle wurden von heute auf morgen aus unserem gewohnten System rausgerissen. Die Zeit bedeutet für jeden etwas anderes. Für viele bringt sie Unsicherheit und Angst. Selbstständige fürchten sich nicht nur vor der unbekannten Krankheit, sondern auch davor, dass das eigene Geschäft, welches man jahrelang aufgebaut hat, die Krise nicht übersteht und ob es danach noch lebensfähig bleibt. Viele Arbeitnehmer sind von Kurzarbeit betroffen und so mancher macht sich Sorgen darüber, ob sein Arbeitgeber die Krise bewältigt und die Arbeitsplätze erhalten bleiben.

Für manche mag es durchaus auch eine angenehme Veränderung sein, die sie sich schon seit Jahren erhofften. Einmal aus dem Hamsterrad rauszuspringen, sich mehr Zeit für sich zu nehmen. Endlich mal ohne Stress mit den Kindern etwas in Ruhe basteln. Das kaputte Fahrrad reparieren. Und so ist im Leben von so Manchem ein Zeitfenster entstanden, das endlich mit dem gefüllt werden konnte, wonach man sich schon lange sehnte. Aber auch diese Baustellen sind irgendwann abgearbeitet, und da der Mensch ein Gewohnheitstier ist, merkt er schon nach wenigen Wochen, dass es jetzt auch langsam reicht. So rufen immer mehr Menschen verständlicher Weise nach einer Rückkehr zur Normalität.

Aber wie genau sieht diese Normalität aus?

Oder vielmehr:
Wie kann die Realität überhaupt aussehen?

Meinen wir mit "normal" den Zustand am Anfang des Jahres, als wir in Europa noch keine direkte Infektionsbedrohung hatten? Das ist wohl kaum so schnell möglich! Also muss eine neue „Normalität" geschaffen werden. Und das ist ein Prozess voller Anpassungen.

Nicht so einfach für uns alle, aber auch nicht so einfach für unsere Regierung, die im Moment versucht den möglichst besten Weg da rauszufinden, obwohl ihr genau das Gegenteil vorgeworfen wird. Am Ende müssen wir uns eingestehen, dass im Augenblick jeder Schritt nur ein Vorantasten im Nebel auf einem unbekannten Weg ist.

Sechszehn Bundesländer unter einen Hut zu bekommen, wenn jedes Bundesland die Situation anders bewertet, ist nicht einfach. Es wird viel von Demokratie gesprochen und permanent hochgehoben, dass alle Entscheidungen auf freiwilliger Basis stattfinden müssen. Wenn eine starke Regierung eine Entscheidung im Rahmen der geltenden Gesetze trifft, dann tut sie es definitiv vollkommen im Rahmen der Demokratie, auch wenn manche Entscheidungen nicht allen gefallen. Denn wir haben völlig freiwillig bei der Wahl unsere Stimme abgegeben und damit eben die Regierung demokratisch bevollmächtigt, in unserem Sinne zu handeln und das Beste für uns in jeder Situation zu tun.

Für den Fall, dass Sie diese Regierung nicht gewählt haben, sei gesagt: Es waren aber demokratisch gesehen genug andere, die dies taten. Wenn Sie andere Mehrheiten wollen, dann müssen Sie bei der nächsten Wahl eben mehr Mitstreiter finden und vielleicht sogar selbst aktiv werden. Am besten bestimmt man die Zukunft dadurch, dass man sie selbst gestaltet, und nicht nur über andere meckert, die bereit sind, Verantwortung zu übernehmen.

Jetzt gilt es aber, dass man die Entscheidungen und neuen Regeln befolgt. Wer dies nicht tut und zum Beispiel die Maskenpflicht komplett sabotiert, handelt nicht im Namen der Freiheit und schon gar nicht im Namen der Demokratie. Vielmehr gefährdet er uns alle und springt ganz schnell auf den Zug der Anarchie auf. Und die kann uns allen in vieler Hinsicht gefährlich werden.

Juni 2020

Lass uns mal „zoomen"…

Was einmal als Tool für die Kommunikation innerhalb von Unternehmen angedacht war, erlebte in der Zeit von Corona ein im Voraus unvorstellbar rasantes Wachstum: Der Videokonferenz-Dienst Zoom. Er wird mittlerweile auch im privaten Bereich, für Sportkurse, Gottesdienste oder Bildung genutzt. Pro Tag gibt es inzwischen 300 Millionen Teilnahmen an Videokonferenzen.

Im Dezember 2019 waren es "nur" 10 Millionen.

Die Möglichkeiten, die uns Nutzern durch diese Art der Technologie entstehen, sind aus vieler Hinsicht fantastisch. Wir können im Bezug auf den uns zur Verfügung stehenden Zeitraum auf einmal an Aktivitäten teilnehmen, die früher auf Grund der Entfernung nicht in Frage kamen. Wir können vormittags schnell mal eine Konferenz mit Kollegen aus München abhalten, danach noch einen Bericht über die Projektweiterentwicklung für den Chef schreiben und nachmittags an unserer beruflichen Weiterbildung in Hamburg arbeiten. Und das alles, ohne dass wir den Raum auch nur einmal verlassen. Die Effektivität ist (bei einer guten Disziplin und konsequenten Zeitaufteilung) für viele Arbeitgeber ein absoluter Traum. Und es macht uns auch Spaß, denn wir sehen, dass wir vorankommen. Wir haben das Gefühl, alles gut im Griff zu haben. Das Arbeiten im Home-Office, genauso wie die vielen Freizeitaktivitäten, die man auf einmal online bewältigen kann, bieten uns ein Gefühl von neu gewonnener Freiheit. Aber ist das wirklich so?

Ich gebe zu, dass ich auch vor „Corona" bereits viele Termine online wahrgenommen habe, allerdings immer ungerne. Ich brauche den Weg zu meinem Termin, um mich darauf einzustellen. Um während der Fahrt meine

Gedanken zu sortieren, um mich von anderen Dingen, die den Termin nicht betreffen, freizumachen. Und ich brauche die Zeit auf dem Rückweg, um das, was Bestandteil des Treffens war, zu verarbeiten. Um rauszufiltern und zu verfestigen, was wichtig ist, und loszulassen, was nicht. Um über die nächsten Schritte nachzudenken. All das fehlt in unserem Online-Marathon. Wir schaffen zwar viele Termine, aber mal ehrlich: Brummt uns dann am Abend nicht Schädel? Schlafen Sie wirklich gut? Oder verarbeiten Sie die ganzen Eindrücke der vielen "Digitalgewitter" nachts?

Die Online-Welt ist spannend. In ihrer Grenzenlosigkeit lässt sie uns unsere eigenen Grenzen testen. Dafür ist es aber notwendig, dass wir erkennen, wo unsere Grenzen sind. Vielen Menschen, die von heute auf morgen im Home-Office landeten, ist die Wichtigkeit der Grenzen und vor allem der Abgrenzung, nicht bewusst.

Die Gefahr besteht auch gesundheitlich darin, dass wir direkt nach dem Aufstehen bereits an unserem Arbeitsplatz sind. Traumhaft, weil wir den Berufsverkehr sparen? Oder doch eher stressig, weil der sanfte Start in den Tag quasi wegfällt? Und wenn Sie Feierabend machen wollen, sind die zehn Schritte vom Arbeitstisch zum Sofa meistens auch nicht ausreichend, um vernünftig umzuschalten.

Nach einer bestimmten Zeit der Euphorie überfällt einige das Gefühl, ständig unter Druck zu stehen. Die Zeit zum Abschalten und für das Sortieren der eigenen Gedanken fehlt uns vielfach. Aber auch die kleinen Begegnungen mit Kollegen auf dem Arbeitsplatz sind wichtig. Das kurze und spontane Gespräch in der Kaffeeküche über das gestrige Fußballspiel und vieles mehr sorgen für Ausgleich. Gerade die kleinen und großen Gespräche sind es oft, die uns "frisch" halten und eine persönliche Vertrauensebene schaffen. Das ist für uns Menschen als soziale Wesen auch gesundheitlich nicht zu unterschätzen, und tritt bei geplanten Videokonferenzen im neuen "Home-Office-Business" leider oft in den Hintergrund.

Und genau aus diesem Grund mache ich gleich Pause und logge mich ein, um mit meiner Freundin online einen Kaffee zu trinken. Sehen wir es mal positiv: ich muss nachher nur eine Tasse spülen!

August 2020

Alles für die Tonne?

Ich kann mich noch gut daran erinnern. An eine Zeit, in der ich als Kind in der von Mama selbst genähten und von meinen Freunden bewunderten Jeans herumlief, und meine Oma uns des Öfteren unsere Socken stopfte, weil es zu Schade war, sie einfach so weg zu werfen.

Bei meinen Freunden war es ähnlich. Einen Telefonanschluss hatten vorrangig Menschen, die auf Grund ihrer Arbeit erreichbar sein mussten. Meine Cousine hatte einen, da meine Tante Kinderkrankenschwester in der Notaufnahme war. Was haben wir uns für Streiche ausgedacht, als ich zu Besuch war!

Ein Auto hatte auch nicht jede Familie und wenn schon, dann nur um wichtige Fahrten zu erledigen. Weite Strecken sind wir immer mit dem Bus oder mit dem Zug gefahren. Den Weg zur Schule bewältigten wir grundsätzlich mit dem Fahrrad oder liefen auch schon mal eine dreiviertel Stunde zu Fuß. Schlechtes Wetter war da keine Ausrede.

Wir alle hatten nur eine überschaubare Anzahl an Spielsachen, und wenn wir sie kaputt machten, bekamen wir von den Eltern keine neuen. Deswegen waren uns diese Dinge kostbar. Wir haben schnell gelernt, unsere Sachen zu schätzen.

Wenn ich mich heute umschaue, sehe ich einen Überfluss an allem. Die meisten Menschen haben ein Auto, manche sogar zwei. Telefon ist absolut selbstverständlich, nicht nur eins pro Haushalt, sondern mittlerweile eins pro Person. Natürlich das neuste Modell.

Und selbstverständlich ein Markengerät. Die Läden sind voll mit Klamotten, die im Vergleich zu früher kaum etwas kosten und wenn sie kaputt gehen, werden sie weggeworfen. Weil es sich nicht lohnt, sie zu reparieren. Von Wertschätzung keine Spur.

Kaputte Jeans? Oder noch schlimmer: ein Stück aus der Vorjahreskollektion? Kein Problem, bestellen wir doch neue, oder gleich zwei, drei, mit anderem Schnitt und in anderer Farbe. Kostet doch fast nichts.

Ich stand neulich am Regal mit Süßigkeiten (ein Schelm, wer Böses denkt) und da fiel mir auf, wie viel davon in einer extra Spielzeugverpackung war. Ich nenne es „Entertainment-Süßkram". Absolut billiges Plastikzeug, dass die Kinder für ein paar Minuten beschäftigt, bevor es in die Tonne fliegt. Die Wertschätzung sinkt somit bereits im Kindesalter enorm. Es gibt immer wieder etwas Kleines, Neues. Das Alte wird schnell uninteressant. Wir sind zu einer Wegwerfgesellschaft verkommen. Wir werfen kaputte Dinge sofort weg, weil das Neue so einfach und überall zu haben ist.

Wir werfen Sachen weg, Beziehungen, Ehen… Weil es Mühe macht, daran zu arbeiten, sie zu flicken. Weil es so einfach ist, neue zu bekommen. Wir vergessen, wie wertvoll auch ein Streit mit einem Freund sein kann, wenn er anderer Meinung ist. Wir löschen ihn schnell aus unserer Freundesliste, schließlich gibt es noch genug von denen, die uns bei unserer Meinung nicht im Weg sind. Das sind die „besseren" Freunde, die uns nie in Frage stellen, die nicht diskutieren wollen, die aber dafür gerne mit uns shoppen gehen.

Wer mich kennt, der weiß, dass ich immer großen Wert auf Kommunikation lege. Auf das Sprechen miteinander. Auf den echten Gedankenaustausch. Auf neue Sichtweisen und gerne auch emotional geführte Diskussionen. Egal, welche Meinung man vertritt. Es gibt immer unterschiedliche Ansichten. Und nur durch das Gespräch, durch den Streit sogar, kann ich auch die anderen Blickwinkel entdecken.

Vielleicht bleibe ich bei meiner Meinung, vielleicht hat mein Gegenüber aber auch genügend überzeugende Argumente, dass ich meine Meinung ändere. Und das kann ich eben nicht, wenn er mich aus seinem Freundeskreis ausschließt, wenn er mir die Tür vor der Nase zu knallt.

In diesem Sommer werden uns am nächtlichen Himmel wieder zahlreiche Sternschnuppen geboten. Bei der nächsten Schnuppe werde ich mir wünschen, dass wir wieder mehr Wertschätzung für alles rund um uns herum und vor allem füreinander erlangen.

Oktober 2020

Nicht gewählt?

Vor sehr langer Zeit hatten die Menschen nichts, was sie nicht selbst mit eigenen Händen hergestellt hätten. Alle waren gleichzeitig Jäger, Bauern und Architekten. Jeder musste sich selbst um seine eigene Bleibe und das Essen für sich und seine Nächsten kümmern. Und gleichzeitig pflegte man die Beziehungen mit anderen Menschen, damit die Gesellschaft im Ganzen funktionierte. Jeder bildete einen Teil und nur gemeinsam funktionierte das Ganze.

Heute sind wir zu reinen Konsumenten geworden. Nutzer und Verbraucher von allem, was man uns vorlegt. Im Supermarkt kaufen wir billig produziertes Fleisch, schreien aber an jeder Ecke, dass uns das Tierwohl angeblich wichtig ist.

Wir verteufeln den Dieselmotor als Ursache für die Klimaprobleme und ersetzen noch intakte Fahrzeuge durch neue Autos, die nur mit einer Batterie fahren, über deren Herstellungsprozess und abschließende Entsorgung sich aber niemand so richtig Gedanken macht.

Wir nehmen alles, was uns aufgetischt wird, einfach so hin. Wir protestieren zwar oft und gerne, in der letzten Zeit - vor allem durch die Existenz und Möglichkeiten der sozialen Medien – sogar noch viel lauter als früher, aber tatsächlich neue Wege gehen und wirklich grundlegend etwas zu verändern, das ist für die meisten dann doch zu mühsam.

Da reduziert sich die kleine Revolution doch lieber auf einen empörten Tweet und das Posting auf Facebook.

Oft höre ich, dass die Politik doch sowieso macht was sie will. Dass es sich nicht lohnt irgendetwas zu unternehmen, sich zu engagieren. Zum Beispiel bei den Ratswahlen in Detmold haben zuletzt nur 52,30% der Wahlberechtigten ihre Stimme abgegeben. Und wenn man sich die Zahlen näher anschaut, stellt man fest, dass von ca. 60.000 Wahlberechtigten nur ca. 1/6 den Wahlsieger unterstützt haben. Das bedeutet, dass die Entwicklung in unserer Stadt, die Zukunftsgestaltung, von Ideen und Plänen geprägt wird, die vielleicht nur 1/6 der Wähler toll finden.

Für den Teil der Nicht-Wähler (Mensch, das ist ja fast Halb-Detmold!) bleibt wieder Facebook als Bühne, damit sie sich über alles und die Welt beschweren können. Anstatt selbst anzupacken und aktiv werden. Nicht schreiend auf dem Marktplatz, mit einer Papp-Tafel und markigen Sprüchen, die man täglich wechselt. Aktiv an Lösungen für die Zukunft arbeiten, das bedeutet auch, sich z.B. der Gruppierung anzuschließen, mit der man die größte und beste Schnittmenge hat, um dort unser aller Leben durch eigene zusätzliche Vorschläge mitzugestalten. Es ist aber auch möglich, genug andere Gleichdenkende zusammen zu finden und mit einem komplett neuen Angebot aufzutreten. Denn die Aussage: „Da ist aber bei den ganzen Parteien nichts für mich dabei," die lasse ich nicht gelten.

Wenn wir die Freiheit und die Demokratie haben wollen, nach der wir alle rufen, dann reicht es nicht, nur zu wollen. Wir müssen aufhören nur zu konsumieren, wir müssen unser Schicksal wieder in die eigenen Hände nehmen und gemeinsam an der Zukunft arbeiten! Nicht nur jeder für sich, sondern gemeinsam.

Im nächsten Jahr sind Bundestagswahlen. Ich bin gespannt, wie hoch die Beteiligung sein wird und ob sich bis dahin in der politischen Landschaft einiges neu entwickelt.

Schreihälse mit Pappschildern haben wir ja genug in den Straßen. Jetzt müssen deren Sprecher aktiv werden und die Forderungen in inhaltliche Anträge mit Lösungsvorschlägen umwandeln.

Wenn es der eine oder andere tatsächlich schafft, seine Komfortzone zu verlassen und seine Freizeit für den Marsch durch die politischen Instanzen zu investieren, dann können wir bei den nächsten Wahlen auf ein vielseitiges Angebot gespannt sein. Das wäre in jedem Fall wesentlich besser und auch demokratischer, als wenn es der Hälfte aller Wahlberechtigten wieder völlig egal ist.

Mitmachen lohnt sich!

Dezember 2020

Im Bann der Gewohnheiten (und Familientraditionen)

Die Advent- und Weihnachtszeit steht für viele Menschen im Zeichen von Märchen und Fabeln. Wie die Fabel von einem Eichhörnchen, dass in einem Käfig auf der Fensterbank gefangen in einem Hamsterrad läuft. Das Fenster ist offen, man riecht den Duft der grünen Tannen und das eingesperrte Eichhörnchen sieht Seinesgleichen frei von Ast zu Ast springen. Im Augenwinkel bleibt für den Häftling die offene Tür des Käfigs nicht unentdeckt. Die Freiheit ist so nah, aber das Rad braucht die volle Aufmerksamkeit. Dem Kleinen geht durch den Kopf: noch eine, zwei, drei, zehn Runden, dann könnte ich vielleicht…

Dann wird es dunkel, das Eichhörnchen liegt völlig erschöpft am Boden seines Käfigs. Und in diesem Moment ist seine Erschöpfung ist viel stärker als die Sehnsucht nach der Freiheit.

Wir Menschen bauen uns oft gerade in der Weihnachtszeit solche Käfige aus Abläufen, die immer gleich zelebriert werden, weil sie zu unseren Traditionen geworden sind.

Ein gründlicher Weihnachtsputz, fünfzehn Sorten selbstgebackener Kekse, selbstgebackener Stollen, der Drang möglichst die teuersten Geschenke für die Kinder zu kaufen, den größten Baum voll verschwitzt nach Hause zu schleppen und ihn mit noch mehr Lametta (oder noch mehr Kugeln) zu schmücken. Wir alle haben solche Abläufe, solche Bräuche irgendwann übernommen und sie in unserem Leben weitergeführt.

Was passiert, wenn wir einmal etwas ändern? Was passiert, wenn wir den Ablauf einfach anders gestalten? Wenn wir einfach aus diesem Hamsterrad aussteigen?

Ich weiß, dass es schwer zu erklären ist (vor allem meiner eigenen Mutter), dass ich in diesem Jahr vor Weihnachten die Fenster nicht noch einmal putzen werde, dass ich vielleicht die Vanillekipferl und Lebkuchen noch selbst backe, aber die anderen Sorten einfach weglasse. Ich entscheide mich bewusst gegen den Baumriesen und kaufe den leckeren Stollen bei meinem Bäcker. Ich werde bewusst mein Hamsterrad verlassen. Es wird bestimmt das eine oder andere Familienmitglied freuen, wenn wir nicht wie jedes Jahr alle Möbel rücken, um die

Nordmanntanne standesgemäß zu platzieren, und die Spinnen aus ihren Verstecken zu vertreiben.

Während das Eichhörnchen in seinem Käfig nicht weiß, dass die Freiheit zum Greifen nah ist, wissen wir es ganz genau, dass der Käfig unserer Gewohnheiten kein Schloss hat. Die Türen der Veränderung zu öffnen ist nicht leicht. Aber glauben Sie mir, es lohnt sich. Auf das Eichhörnchen warten draußen seine Freunde und der ganze Wald. Und auf Sie? Die Welt voller Lichter, Düfte und Töne. Nehmen Sie Ihre Liebsten und genießen Sie die Zeit der Besinnung. Entschleunigung nennt man es heute. Nicht „schneller, höher, weiter," sondern die zwischenmenschliche Wärme ist wichtig. Familien und Freundschaften zählen mehr, als große Geschenke und die neueste Spielkonsole.

Wärmen Sie Ihre Hände an einer Tasse Glühwein (in diesen Zeiten an einem „to go"), treten Sie wieder einmal durch das Kirchentor und erfreuen Sie sich an der liebevollen Gestaltung der Krippe. Lassen Sie die Weihnachtslieder auf sich wirken, zeigen Sie Ihren Kindern die schnell vergehende Schönheit der Schneeflocke. Wenn Sie diese Familientradition einführen, werden Sie es nicht bereuen und in einigen Jahren werden Sie sogar dadurch belohnt, indem Ihre Kinder diese Tradition für ihre eigenen Familien übernehmen.

Eine schöne Adventszeit!

Januar 2021

Es liegt an uns allen...

Es ist nach Weihnachten, ich sitze in meinem Lieblingssessel und aus dem Fenster starrend auf die im Wind winkenden Bäume überlege ich das Thema meines ersten Vorwortes im neuen Jahr. Die Ruhe der letzten Tage geht in die Verlängerung, die Stille wird nur durch die lauten Windböen gestört, und ab und zu durch das leise Klopfen der Regentropfen, wenn sie sich auf meine Fensterscheibe setzen. Wenn es jetzt Schneeflocken wären – geht mir durch den Kopf, und dieser verträumte Gedanke lässt viele weitere herein.

Es ist üblich in dieser Zeit darüber nachzudenken, was war, was ist und was kommt. Ein wenig erinnern mich die letzten Monate an das Geschehen rund um das durch den Maya Kalender vorhergesagte Ende der Welt. Manche bauten bereits damals große Vorratskammern, manche blieben im eigenen Tempo. Aber war damals an der vorhergesagten großen Änderung nicht doch etwas Wahres dran?

Wir schließen uns in unsere eigenen kleinen Welten ein, und vergessen um uns herum zu schauen. Wir werden zu Inseln, dabei sollen wir ein großes zusammenhängendes Festland bilden. Wir schauen zum Nachbar über den Zaun, nur wenn wir uns neidisch über sein neues Auto, seinen grüneren Rasen oder seine neue Freundin aufregen wollen. Wir schauen aber nicht mehr, wenn er Hilfe braucht. Warum? Zusammenarbeit und Zugehörigkeit sind das, was uns aus der Höhle den Weg zur Zivilisation ermöglichte. Je zivilisierter wir uns aber fühlen, desto distanzierter sind wir.

Wir beschweren uns, dass die Menschen nicht mehr nett zueinander sind. Ist es nicht deshalb so, weil wir viel mehr in die Dinge, mit denen wir uns umgeben, investieren, als in die Menschen um uns herum? Der Besitz des Neuesten ist für uns extrem wichtig geworden. Unsere Prioritäten veränderten sich in der letzten Zeit gewaltig. Wir beschweren uns auch, dass sich die Menschen nicht mehr verstehen. Das man uns nicht mehr versteht. Das geht auch schlecht, wenn wir uns abgewöhnt haben, den anderen zuzuhören. Wir springen gerne ins Wort und bauen unsere eigene kleine Gedankenwelt auf unvollendeten Sätzen und Wörtern. Die Meinungsfreiheit ist ein wichtiger Bestandteil des Grundgesetzes und wir vergessen es oft. Wir sollten über die Meinungen der anderen nachdenken, bevor wir sie gleich nach den ersten Worten ablehnen. Nicht weil wir jedem Gedanken und jedem Wort immer zustimmen müssen, sondern weil wir unser Gegenüber auch dann, oder vielleicht sogar erst recht dann, ernst nehmen müssen, wenn etwas gesagt wird, was unserer Erfahrung widerspricht. Respekt ist nunmal keine Einbahnstraße.

Nicht selten höre ich, dass die „junge Generation" unerzogen ist. Wie waren wir denn selbst? Wir vergessen oft, dass wir diejenigen sind, die unsere Kinder prägen. Wir übergeben ihnen Werte, die wir selbst vermittelt bekamen, von unseren Vorfahren oder Menschen, die uns in unserem Leben kurz oder lang begleiteten. Wenn wir die „Jungen" als unerzogen empfinden, sollten wir darüber nachdenken, ob wir die richtigen Werte übernommen und auch übermittelt haben. Respekt, Liebe, Ehre, Gerechtigkeit, Freiheit, Demut, Wahrheit... Wir sind die Verbindung zwischen den vergangenen und den kommenden Generationen. Was wir weitergeben, liegt an uns. An uns allen.

Viele halten mich für eine Optimistin, die sich die Welt ständig idealisiert. Ich bin aber wirklich fest davon überzeugt, dass wir alle dazu beitragen können, die Welt, in der wir leben, schöner zu machen. Ich wünsche Ihnen im kommenden Jahr gute Ohren, um anderen zuzuhören und viel Kraft für den Kampf mit etlichen Windmühlen, denn auch dieser Kampf hat seinen Sinn und seine Berechtigung. Ich wünsche Ihnen nette Nachbarn und alles Gute, weil Sie es verdient haben! Wie jeder von uns.

Februar 2021

Der digitale Verfall unserer Kommunikation...

Vor einem Jahr war ich nicht nur froh, sondern auch stolz darauf, den digitalen Konsum unseres angehenden Teenagers auf dem maximalen Wert von unter 30 Stunden im Monat problemlos halten zu können. Es hat sich in den vergangenen Monaten einiges geändert, aus meiner Sicht auch nicht unbedingt zum Positiven.

Wir sprechen alle von einer gewünschten Digitalisierung, und versuchen nahezu zwanghaft diese in alle Teile unseres Lebens zu implementieren. Es gibt sicherlich Bereiche, in denen es absolut Sinn macht. Es gibt auch jede Menge Stellen, an denen wir das Thema Digitalisierung verschlafen haben.

Dies betrifft zum Beispiel auch die Schullandschaft.

Aber inwieweit sind Schüler, Lehrer und das gesamte Schulsystem auf so viele Veränderungen in so kurzer Zeit vorbereitet? Und können wir davon ausgehen, dass eine gute und durchdachte Planung dahintersteckt? Oder wird jetzt einfach wild darauf losdigitalisiert, was das Zeug hält, ohne Rücksicht auf Sinnhaftigkeit?

Infolge verschiedener Beschränkungen übertragen wir alle gerade jetzt einen großen Teil unserer verbalen

Kommunikation in die digitale Welt. Online-Meetings, Messen und Videokonferenzen, Webinare und natürlich die vielen kleinen Nachrichten diverser Messenger-Dienste schlichen sich in den letzten Monaten nicht nur beruflich ein, sondern bestimmen auch zunehmend unser Privatleben.

Die Kommunikation im digitalen Umfeld bringt allerdings ganz andere Aspekte mit sich als ein persönliches Gespräch. Von Vorteil ist bestimmt die Geschwindigkeit der Informationsvermittlung. Wir dürfen aber einen wichtigen Entwicklungsaspekt nicht außer Acht lassen: die Qualität unserer Sprache und unseres Denkens verändert sich dadurch schneller als je zuvor. Der Wortschatz wird auf das Nötigste reduziert. Wir drücken uns pragmatischer und kürzer aus, benutzen mehr und mehr Anglizismen, sind oft nicht fähig, uns nur auf das eine Gespräch zu konzentrieren, sind zerstreut.

Selbst wir als Erwachsene sind vor dieser Entwicklung nicht geschützt. Bei unseren Kindern wird die verbale Kommunikation im Moment unter dem Mantel der Digitalisierung noch stärker in die Online-Welt verschoben. Man versucht den Wissenstransfer, der ganz bestimmt nicht unbedeutend ist, als wichtigste Aufgabe zu betonen.

Die sonst erworbenen Kommunikationsfähigkeiten, die gerade in diesem formbaren jungen Alter gefestigt werden müssen, bleiben bei der reinen Aufnahme des zum größten Teil verschriftlichten Wissens leider auf der Strecke.

Kommunikation ist nicht nur Sprache und der verbale Ausdruck, sondern auch Gestik und Mimik. Das gesamte Verhalten formt sich in der digitalen Kommunikation völlig anders als bei einer persönlichen Konfrontation.

Die Sicherheit des eigenen Raumes kann auf der einen Seite stärken, auf der anderen minimalisiert sie jedoch die Statusunterschiede und verleitet dazu, Autoritäten nicht anzuerkennen, was beispielsweise besonders im Schüler-Lehrer-Verhältnis problematisch sein kann.

Wenn der Respekt schwindet, verlieren wir auch schnell die Bereitschaft, etwas vom Gegenüber anzunehmen.

Nur die persönliche Interaktion mit einem "spürbaren" Gegenüber, trainiert unsere kommunikativen Fähigkeiten. Außerdem muss jedem klar sein, dass kein noch so gutes Video und kein Online-Workshop, die realen Erfahrungen ersetzen können. Fahrradfahren oder Schwimmen lernt man nicht vom reinen Zugucken. Gleiches gilt auch für alle haptischen Fähigkeiten und alle Formen der Interaktion.

Manches muss man einfach machen und selbst erleben.

Es ist also wichtig, dass wir bei der Digitalisierung nicht nur auf den Datenfluss achten, sondern uns bewusst mit dem Einfluss auf unsere reale Welt, auf unser miteinander befassen. Es ist auch wichtiger denn je, unseren Kindern täglich eine nicht digitale Welt zu zeigen und diese mit ihnen gemeinsam zu erleben.

März 2021

Intuition, Denkfaulheit und medialer Analphabetismus...

Stellten auch Sie in der letzten Zeit fest, dass jemand aus Ihrer nahen Umgebung, aus der Familie oder Ihrem Freundeskreis, den Sie bis zu diesem Zeitpunkt für einen weisen Menschen hielten, anfing, wirren Nachrichten aus obskuren Quellen zu folgen und diese zu teilen. Vielleicht sogar Quellen, wie dem Wendler oder gar einem offensichtlich planlosen Bundesministerium. Beide wenig glaubhaft.

Wieso glauben so viele Menschen an krude Thesen und den größten Unsinn? Es hängt vor allem mit der Art und Weise zusammen, wie unser Gehirn Informationen auswertet.

Eine große Rolle spielen dabei die Intuition, Denkfaulheit und medialer Analphabetismus, denn wir sind von Natur aus so programmiert, dass wir mit einem Minimum an Beweisen schnelle Schlüsse ziehen können.

Dieser automatische Prozess soll ganz bewusst die Zuverlässigkeit und Komplexität der empfangenen Informationen ausklammern, um möglichst schnell zu einem Ergebnis zu kommen. Naturgemäß folgen wir zuerst unserer Intuition, bevor wir mit wachsender Erkenntnis überhaupt zu einer rationalen Beurteilung fähig sind. Das ist eine Angelegenheit der Evolution und hilft uns dabei, in kritischen Situationen zu überleben.

Das heißt nichts anderes, als dass die Bearbeitung der Information und damit verbundenes Verhalten biologische Wurzeln hat. Vermutlich zucken auch Sie beim Spazierengehen und springen sogar zur Seite, wenn Sie eine Schlange, oder auch ein Ast erblicken, der an ein Reptil erinnert.

Die Information über eine direkte und vor allem lebensbedrohliche Gefahr, wie der mögliche, giftige Biss einer Schlange, zieht in den emotionalen Gehirnbereich, in die sogenannte Amygdala. Ohne Umwege wird ein Signal an unser Muskelsystem gesendet, das uns zum lebensrettenden Wegzucken oder Wegspringen zwingt.

Wenn keine Lebensgefahr vermutet wird, werden die Signale erst über die graue Substanz geführt (zur Abwägung), und dann erst zu der Amygdala, die dann nur komplementär für eine adäquate Reaktion sorgt.

Es geht also in vielen Fällen um intuitive, automatische Reaktionen, die uns wie ein Autopilot und Bodyguard steuern. Das hat sich in unserem Evolutionsprozess als sehr vorteilhaft bewährt. Es ist nämlich ungemein besser, sich unnötig zu erschrecken, als einen giftigen Biss zu riskieren.

Was sich für uns in Bezug auf Schlangen als Vorteil erwiesen hat, steht uns bei der Arbeit mit Informationen oft im Weg.

Wenn wir nicht mal für eine kurze Zeit über den Inhalt einer Botschaft nachdenken, lassen wir uns nur durch Emotionen führen, die wir beim ersten Hören oder Lesen erlebt haben. Wir neigen zum schnellen Teilen und Kommentieren. Besonders in den "Sozialen Medien" ist ein Like schnell gesetzt. Wir sind nicht bereit, ein kleines Stück unserer Zeit oder unserer Energie für eine kritische Analyse der uns vorgelegten Informationen zu investieren.

Und damit bin ich bei der Denkfaulheit. Seien wir ehrlich, an der Faulheit an sich, ist noch nichts Schlimmes. Unser Gehirn ist vor allem aus dem Grund faul, damit es effektiv ist. Um die Realität besser aufzunehmen, vereinfachen wir sie. Einfachere Regeln führen uns manchmal zur Niederlage, ermöglichen uns aber schnelle und effektive Entscheidungen zu treffen. So gesagt: minimaler Aufwand wird gefolgt von optimaler Leistung. Unser Problem entsteht, wenn wir „denkfaul" sind und uns bei komplexen und komplizierten Fragen und Fakten auf unsere Intuition verlassen. Die Menschen sind fähig die skurrilsten Geschichten nur deshalb zu glauben, weil sie mit der eigenen Weltanschauung übereinstimmen.

Schwierig wird es, wenn der Intuition und der Denkfaulheit die Unfähigkeit folgt, sich in den Medien zu orientieren, und kritisch deren Inhalte auszuwerten. Der sogenannte mediale Analphabetismus ist keine Seltenheit und wir sollten uns Gedanken darüber machen, wie wir diesen Aspekt in einer nahen Zukunft in die Bildung implementieren können.

Mit einer qualifizierten und ideologisch nicht verblendeten Aufklärung müssen wir einen Weg durch den medialen Dschungel zeigen, damit wir alle zwar weiterhin vor der gefährlichen Schlange zurückzucken, aber beim genaueren Hinschauen vielleicht doch den harmlosen Ast entdecken.

April 2021

Im Namen der Rose

Eine sehr gute handwerkliche Umsetzung. Eine noch bessere Erklärung, warum, weshalb und wieso man sich für genau dies und nicht für jenes entschieden hat. Es beinhaltet eine Darstellung des Ganzen, ist aber auch in seinen Einzelteilen nutzbar. Genauso, wie man sich das wünscht. Genauso, wie man so etwas praktisch umsetzt. Es sorgte dennoch für genügend Sprengstoff, und zwar ab dem ersten Moment der Veröffentlichung.

Wovon spreche ich?
Von dem neuen und zurecht sehr umstrittenen Logo der lippischen Kreisverwaltung.

Seit Jahren ist man sehr bemüht, ganz Lippe als Eins zu sehen. Eine Dachmarke zu stärken, unter der die einzelnen Städte und Gemeinden gemeinsam wachsen können. Menschlich und wirtschaftlich. Nach innen und nach außen. Seit Jahren bildet man Wortmarken aus allen Bereichen, die das öffentliche Leben in Lippe betreffen: Lippeservice, Lippemobil, Lippewirtschaft, Lippeferien… Oder auch ein einheitliches LIP auf dem Kennzeichen.

Ich bin erst 2005 nach Lippe gekommen. Alles, was man mir über die Lipper erzählte, stimmte nicht. Sie sind oft noch sturer, als man ihnen nachsagt. Lipper sind zwar einerseits sehr innovativ, aber andererseits auch bodenständig und standhaft. Und wenn sie sich für etwas geöffnet und entschieden haben, dann stehen sie dazu und halten daran fest. Sie sind bereit, dafür auf die Barrikaden zu gehen und ihre Werte zu verteidigen. So haben nur echte Verbesserungen eine Chance, nicht aber jede neue Idee, nur weil sie gerade modern ist. Ich empfinde das sehr positiv.

Wenn es um die lippische Rose geht, ist es aus meiner Sicht egal, ob man aus Detmold, Lemgo, Schieder oder Schwalenberg kommt. Die lippische Rose schafft für viele Lipper genau die perfekte gemeinsame Identität. Eine ideale Dachmarke, die uns alle vereint.

Als 2019 die KVG Lippe das neue Logo für Lippemobil vorstellte und die seit 2003 benutzte Rose durch eine modernere Darstellung ablöste, gab es keinen Aufschrei. Das ist jetzt bei der Kreisverwaltung anders.

Aus der Rose wurde ein Strahlenkranz, und die Veränderung kommt zu einem Zeitpunkt, wo wir auf Zusammenhalt angewiesen sind, und das mehr denn je. Viele verstehen die Rose als Symbol unserer Heimat. Und sie wird uns in ihrer klassischen Form weggenommen, zumindest empfinden das viele Lipper so. Die Rose wird durch ein Element ersetzt, das in einem zusätzlichen Video erklärt werden muss. Das Internet bebt. Es gibt sogar tatsächlich Spekulationen darüber, ob das neue

Logo mit der Darstellung vom Coronavirus selbst, oder der dazugehörigen Grafiken zusammenhängen soll.

Ich halte es für unglücklich. Nicht nur vom Zeitpunkt, sondern auch von der Aussage her, weil sich die Kreisverwaltung selbst grafisch sehr prägnant aus dem gemeinsamen Leben unter einem Symbol (das alle vereint) lösen möchte, obwohl sie sich bis jetzt immer ganz besonders für eine gemeinsame Dachmarke einsetzte.

Wer mich kennt weiß, dass ich ein großer Fan von klaren Strukturen bin. Wenn die Grafik für ein neues Produkt entwickelt worden wäre, würde ich sie höchstwahrscheinlich feiern. Nicht so, bei einer bestehenden Tradition, bei bereits geschaffener Identität, bei Heimat. Nicht in dieser Zeit. Hier gibt es andere Möglichkeiten, wenn man nicht mehr „altbacken" wirken möchte und eigene Akzente setzen will.

Mai 2021

Humor ist, wenn man trotzdem lacht...

Schon Siegmund Freud wusste:
"Witze macht man. Komik entsteht. Humor hat man."

In meinem Leben spielen Humor und alle seine Arten schon immer eine große Rolle. Über Dinge lachen zu können, aber vor allem, Menschen zum Lachen zu bringen, ist ein wunderbares Gefühl.

Humor ist das Gewürz des Lebens. Er kann freundlich, aber auch bitter sein, genauso wie leicht, aber auch hart. Humor gehört zu unserem Leben. Er entlastet und hilft uns, Sachen mit Abstand zu betrachten und vieles, aber auch sich selbst, nicht immer so ernst zu nehmen.

Humor heilt, indem er uns unsere Ängste vergessen lässt. Er durchbricht die Mauern, er öffnet unsere Herzen, er bringt uns aber auch zum Nachdenken.

Der Sinn für Humor besteht aus zwei Aspekten: Erstens ist es die Fähigkeit, Humor zu schaffen. Zweitens dann die Fähigkeit, Humor zu verstehen.

Guter Humor spürt, wann Komik in sozialen Situationen erlaubt und oft auch hilfreich ist. Das lässt uns lachen. Über kleine Versprecher, Fehltritte, Vergesslichkeit. Und schmunzeln über unsere Freunde und über uns selbst. Der Witz an sich erlaubt uns etwas unkonventionell zu sein, ohne Schuldgefühle.

Er kann aber auch kritisch sein. Sarkastisch untermalter Humor, Parodie, Ironie oder gar Zynismus werden oft als Abstandshalter benutzt, von einer ernsten Situation oder einem ernsthaften Problem. Oft ist dann allerdings seine

Grundlage überhaupt nicht lustig. In der Tat versucht man somit, in dieser ernsten Situation, ein wenig auf Distanz zu gehen, einen kühlen Kopf zu bewahren und bei allen Sinnen zu bleiben.

Schwierig wird es nur, wenn die Akzeptanz des Publikums nicht mehr vorhanden ist. Wenn die feinen Unterschiede zwischen Ernsthaftigkeit und Ironie nicht mehr wahrgenommen werden. Wenn wir nicht mehr im Stande sind, über den Sinn nachzudenken und das eigentliche Problem, die wahre Ursache übersehen.

Humor ist ein soziales Phänomen, das man nur verstehen kann, wenn man die Umwelt nicht außer Acht lässt, in der sich der Humor ereignet. Darüber hinaus beeinflussen auch andere Faktoren das Witzeverständnis.

Es kann nicht oft genug betont werden, dass z.B. Ironie im Internet nicht funktioniert. Einer der Hauptgründe dafür ist der Fakt, dass Ironie auch eine Intonation braucht. Das ist ein wichtiger emotionaler Begleiter, den man mit keinem Emoji der Welt ausdrücken kann. Desto wichtiger ist es, in unserer digitalen Welt nicht nur die kleinen Schnipsel zu beurteilen, sondern viel mehr über die Zusammenhänge nachzudenken. Auch auf Grund dessen, dass es für das Gehirn grundsätzlich mehr kognitive Arbeit und komplexes Denken bedeutet, die sarkastischen Ausdrücke zu verstehen, als die echten Wutausbrüche, wird Ironie im Netz noch leichter missverstanden.

Wir dürfen nicht vergessen, dass in einer humorigen Kritik oft eine große Weisheit stecken kann.

Humor und Lachen sind grundlegende und allgegenwärtige Elemente der menschlichen Kommunikation, die den Menschen über seine gesamte Lebensspanne begleiten. Lassen wir unserem Humor möglichst oft freien Lauf. Er hilft uns die notwendige Distanz zu gewinnen, um unsere Probleme zu lösen. Und er macht uns und unsere Mitmenschen glücklich.

Juni 2021

Endlich wieder Schule

Moment mal... Wir haben erst Juni! Richtig. Und trotzdem freuen sich viele, nicht nur Kinder, sondern auch deren Eltern, dass endlich der Standard-Unterricht wieder anfängt.

Eine lange Zeit mit ständiger Planungsunsicherheit für die Familien, aber auch für die Schulen selbst. Mal purer Distanzunterricht, mal Wechselunterricht mit halben Klassen. Jetzt geht es aber endlich „normal" wieder los.

Wenn wir im Juni noch den Feiertag und den beweglichen Ferientag abziehen, haben die Kinder genau einen Monat

Zeit, um z.B. in den Hauptfächern jeweils eine Arbeit zu schreiben, damit man auf dem Zeugnis zumindest etwas benoten kann. Wie das die Lehrer trotzdem schaffen, anhand der Ergebnisse des Distanzunterrichts überhaupt Noten zu vergeben, bleibt für mich rätselhaft. Sind diese Noten dann das Zeugnis für die Kinder selbst, oder für uns Eltern? Haben wir unserem Nachwuchs stets alles gut erklären können? Denn erklären mussten wir Eltern den Kindern echt viel. Für viele Lehrer heißt Distanzunterricht nämlich: „Lese die Seite 154, schreibe die Regeln in dein Regelheft und erarbeite die Aufgaben zum Text." Zum Glück lösten nicht alle Lehrer die Situation auf diese Art und Weise. Einige von ihnen waren sehr erfinderisch, man merkt, dass es genau die Lehrer sind, denen dieser Beruf einfach Spaß macht.

Die schwierigen Monate brachten die Technik des 21. Jahrhunderts in unsere Schulen. Die so lange gewollte, aber nicht gekonnte Digitalisierung im Bereich der Bildung ist auf jeden Fall vorangeschritten, obwohl sie noch lange nicht auf der Zielgeraden ist. Nichtsdestotrotz mussten sich Schulen und auch einzelne Lehrer mit dem Thema mehr beschäftigen, als dies eben ohne diese besondere Situation der Fall gewesen wäre. Sie wurden ins kalte Wasser geworfen und einige von ihnen konnten diese Aufgabe gut meistern.

Die Nutzung verschiedener Online-Werkzeuge im Unterricht ist etwas, was die Bildungslandschaft bereits lange anstrebte. Da sich einige Punkte während des Distanzunterricht bewährten, ist davon auszugehen, dass diese auch in der Zukunft einen Teil der Bildungsstrategie darstellen werden. Eine elektronische Hausaufgabenabgabe ist ein gutes Beispiel für zeitsparende Lösung auch für die Lehrer, denn ein elektronisches Formular lässt sich auf Knopfdruck auswerten. Außerdem lassen sich zukünftig manche solche Aufgaben zum Beispiel bereits während der Busfahrt nach Hause erledigen, da sie auf dem allgegenwärtigen Handy abrufbar sind. Auch die schuleigene Kommunikationsplattform lässt sich in der Zukunft nutzen, um mit den Schülern und Eltern im Kontakt zu bleiben.

Ein Jahr lang konnten die Schulen nicht nur testen, wo sie bei der Digitalisierung stehen, sondern auch auf Hochtouren Systeme weiterentwickeln, mit denen sie in die digitale Zukunft schauen. Keiner möchte die echten Lehrer aus Fleisch und Blut ersetzen. Was man sich aber wünscht, sind zeitsparende Lösungen, die eben für das menschliche Miteinander mehr Platz schaffen. Und das ist durch den digitalen Fortschritt nicht nur machbar, sondern auch absolut notwendig! Notwendig? Ja, denn gerade der menschliche, der persönliche Kontakt ist das, was uns allen - und besonders unseren Kindern - am meisten gefehlt hat.

Juli 2021

Endlich frei...

Es läutet und die Kinder rennen aus der Klasse. Schneller als sonst... Die lang ersehnte Ferienzeit beginnt.

Ich liebe Ferien. Ich habe mich diesmal auch richtig darauf gefreut. Nur weiß ich nicht, ob ich mich im Bezug auf das, was um uns herum geschieht, wirklich fallen lassen und entspannen kann. Wir haben alle ein hartes Schuljahr hinter uns. Die Eltern und auch die Kinder. Nichts lief so, wie wir es gewohnt waren, wir mussten alle viel improvisieren, Neues entdecken, Vieles ausprobieren, des Öfteren aber auch scheitern. Für Kinder sind Ferien schon immer etwas Besonderes. Und diesmal bringt das letzte Läuten der Schulglocke eine Erleichterung für uns alle.

Ein ganz schöner Marathon: Arbeiten, zu Hause den Nachwuchs unterrichten und auch noch die Familienzeit einigermaßen gestalten. Ich möchte nicht wissen, wie viele Eltern in diesem Schuljahr durch das ewig lange Homeschooling feststellen mussten, dass sie von dem, was die Kinder in der Schule lernen, so gar keine Ahnung (mehr) haben. Auf der anderen Seite freute es mich bei einigen Punkten, dass ich den Horizont unseres Juniors über die Schulbücher hinaus erweitern konnte, weil mir selbst die interessanten Nebensachen, die mir von meinen Lehrern erzählt wurden, so stark im Gedächtnis blieben.

Es fielen mir einige wichtige Aspekte auf, die bei den gerade durchgenommenen Themen in den Schulbüchern fehlten, die aber für unser Leben oftmals wichtiger sind, als sie offensichtlich in den Schulplänen eingestuft werden.

Ich wusste aus meiner Schulzeit, welche Baumarten um uns herum wachsen, und das nicht nur anhand der Blätter oder Rinde, sondern auch der Form der Baumkrone.

Ich weiß noch heute, welche Früchte oder Pflanzenteile essbar sind, wie ich verschiedene hier lebende Tierarten erkenne und ganz sicher weiß, wo Norden, Süden, Osten und Westen ist.

Klar kann man behaupten, das wäre so richtig "Oldschool", dass man heute doch alles googlen kann.

Es gibt aus meiner Sicht auch wunderbare Apps für die Pflanzen- und Tierbestimmung, die richtig Spaß machen. Aber um ehrlich zu sein, möchte ich nicht draußen im Wald die Natur ständig durch die Linse des Smartphones beobachten, sondern sie mit allen Sinnen wahrnehmen, genießen und verstehen.

Und genau das habe ich für diesen Sommer eingeplant. Nicht nur um dem Nachwuchs wieder zu verdeutlichen, wie die Welt ohne digitalen Fortschritt aussehen kann, sondern tatsächlich einen digitalen Detox durchzuziehen.

Na gut. Vielleicht nicht die ganze Ferienzeit, denn ich liebe meine Arbeit und die ist ohne "digital" nun mal nicht denkbar. Aber immer wieder so kleine E-Detox-Pausen. So ohne Steckdose und Ladekabel. In der Natur. Kanu fahren, in der Hängematte liegen, im Zelt beim Regen Karten spielen und sich abends bei einem Lagerfeuer gruselige Geschichten erzählen. Viel besser als Netflix, Amazon, Sky und die ARD-Mediathek zusammen!

Vielleicht treffen wir uns auf einem der vielen wunderbaren Wanderwege hier vor Ort und halten ein kleines Schwätzchen über Gott und die Welt, so ganz ohne Sprachnachrichten...

August 2021

Verdammt, bin ich alt geworden!

Es gibt viele Dinge, die wir früher für selbstverständlich hielten, die heutzutage nicht mehr so eindeutig scheinen. Beispielsweise das Geschlecht. Es soll nur ein soziales Konstrukt sein und kann auch wandelbar sein.

Es wäre denkbar, dass in der Zukunft nicht nur das Geschlecht, die Genderidentität, sondern auch das Alter wandelbar wird. Also dass das eigentliche Geburtsdatum keine feste Rolle mehr spielen sollte, sondern eher das gefühlte Alter. Die Menschen sollen schon aus Prinzip das Recht haben, in möglichst vielen Bereichen über sich selbst entscheiden zu können. Und wenn wir ehrlich sind, bekommen wir doch oft zu hören: Man ist so alt, wie man sich fühlt! Oder: Das ist keine Frage des Alters!

Sie werden es vielleicht nicht glauben, aber die Möglichkeit, sein Alter ändern zu lassen, könnte einige Vorteile für die ganze Gesellschaft bringen!

Manche werden den niederländischen Motivationstrainer Emile Ratelband kennen (oder zumindest den in den allgemeinen Sprachgebrauch übergegangenen Titel seines Buches von 1998 „Tsjakkaa!").

Der mittlerweile 72-jährige versuchte es 2018 gerichtlich sein Geburtsjahr von 1949 auf 1969 umschreiben zu lassen. Denn wenn es standesamtlich möglich ist, seinen Namen und sein Geschlecht zu ändern, müsste es beim Alter genauso funktionieren. Schließlich soll auch anhand des Alters keiner diskriminiert werden. Grundlage für seine Entscheidung war nicht nur sein junger Geist, sondern auch die ärztlichen Atteste, die ihm das gesundheitliche Alter von 45 zusprachen. Außerdem erzielte er nach seiner eigenen Erfahrung mit seinem Foto und einer jüngeren Alterseingabe bei der Dating-Plattform Tinder wesentlich bessere Ergebnisse.

Wir müssen uns im Klaren sein, dass nicht jeder hat das Glück, an dem Tag zur Welt zu kommen, der für denjenigen der Beste ist. Das Geburtsdatum ist doch nur eine Zahl. Die Möglichkeit, diese Zahl nach eigenem Wunsch zu ändern, ist doch kein großer bürokratischer Akt und nimmt doch keinen Einfluss auf andere Mitglieder unserer Gesellschaft.

Im Gegenteil denke ich sogar, dass dies eine gute Lösung gegen die Alterung der Bevölkerung und somit sehr vorteilhaft für den Haushaltsplan vieler Länder sein könnte. Es könnte unser Rentensystem entlasten, denn schließlich werden sich die meisten Menschen eher jünger stellen wollen. Wir sollten also die Altersänderung nicht nur möglich machen, sondern sie noch tatkräftig befürworten. Somit muss das Rentensystem nicht angepasst werden und unsere Regierung kann sich beim Budgetplanung wieder den wirklich wichtigen Dingen widmen.

Wenn Sie das alles für absurd halten, dann sage ich nur:

1. Politiker, Soziologen und selbsternannte Aktivisten beschäftigen sich leider viel zu oft mit viel absurderen Themen.

2. Ironie ist nicht jedermanns Sache.

September 2021

Heute möchte ich einfach nur faulenzen!

Warum? Das weiß ich eigentlich gar nicht. Vielleicht weil draußen die Sonne scheint, oder weil die Blätter in den Baumkronen so schön rauschen, oder weil mir einfach danach ist.

Ich möchte mich nicht ausruhen, oder ein Buch lesen. Oder spazieren gehen. Und mich auch nicht mit jemandem unterhalten. Denn das alles ist nicht faulenzen. Das alles bedeutet etwas tun. Und beim Faulenzen tut man eben Nichts. Pures Nichts. Faulenzen ist nicht kurzweilig, aber auch nicht langweilig. Faulenzen bedarf einer Abwesenheit. Vor allem eine Abwesenheit von allem, was uns auf irgendeine Art und Weise beschäftigt. Was uns interessiert, was uns freut, bedrückt, ärgert, verzaubert oder auch innerlich vermüllt. Es ist einfach etwas Besonderes. Etwas Vollkommenes.

Kommen Sie mir nicht damit, dass ich somit Zeit verschwende. Zeit kann man verschwenden, in dem man zum Beispiel Wasser mit einem Sieb schöpfen würde. Denn wenn ich eben faulenze, trage ich kein Wasser durch die Gegend, in welchem Gefäß auch immer.

Wer faulenzt, der ruht sich auch nicht aus. Denn wer sich ausruht, der bereitet sich auf seine nächste Tätigkeit vor.

Und das Faulenzen verfügt über keinen Bezug zu dem, was wir vorher machten oder danach auch machen werden. Es hat keine Folgen und Auswirkungen.

Ruhe genießen ist auch nicht die richtige Definition. Sich in der Sonne baden, mit geschlossenen Augen wie ein Kätzchen zufrieden schnurren ist zwar eine sehr angenehme, aber immer noch eine Tätigkeit. Wer faulenzen möchte, braucht keine Ruhe, und eine Sonnenbank schon mal gar nicht.

Ruhe bringt uns zum Nachdenken (und das ist auch gut so). Sie lässt unsere Gedanken wie eine Wasserquelle sprießen, damit sie dann, angereichert von weiteren Ideen und Überlegungen, wie ein frohes Bächlein durch unseren Kopf fließen und unser eigenes inneres Universum erschaffen.

Es passiert um uns herum in der letzten Zeit so viel. Und auch wenn wir uns Ruhe gönnen, verlassen uns viele Gedanken gar nicht mehr. Vor allem die zahlreichen negativen Ereignisse werden in unseren Gedanken zu einem richtig großen Fluss, der nicht mehr zu bändigen ist.

Und deshalb möchte ich heute mal faulenzen. Ich möchte wie ein Stein sein, ohne sein Gewicht. Wie eine Wolke, ohne Bewegung. Wie der Fluss, aber nicht nass. Wie ein Mensch, aber ohne Gedanken. Ich möchte auf ein weißes Blatt Papier schauen, aber nichts schreiben.

Und wenn ich dann fertig bin (was sich irgendwie wieder ausschließt, da es keine Tätigkeit ist), stehe ich auf und werde das Gefühl haben, aus einer anderen Welt zurückzukehren. Alles ist dann frisch, neu, weit weg von mir. Dann kann ich mich auch erst mal vom Faulenzen ausruhen, meine Gedanken sortieren und mit all der frisch gewonnenen Kraft und wesentlich leichterem Kopf etwas absolut Überflüssiges tun.

Nehmen Sie sich die Ruhe, und vor allem die Zeit: Faulenzen ist wichtig!

Oktober 2021

Ich mache es allein!

Die Ampel ist aus. Am Straßenrand stehen zwei Kinder, und drücken immer und wieder den Knopf. Sie schauen voller Verzweiflung abwechselnd die dunkle Ampel und sich gegenseitig an. Ich wechsle meine Richtung und bringe die Kinder sicher über die Straße. Ihre Augen zeigen eine Überforderung mit der gesamten Situation. Immer wieder hatten sie versucht, die Ampel zu schalten.

Oft ist die sichere Überquerung das Erste, was wir für den Schulanfang mit unseren Kindern üben. Und wenn auf dem Weg eine Ampel ist, bringen wir dem Nachwuchs bei, auf das grüne Männchen zu warten.

„Und wenn es endlich grün leuchtet, schaust Du trotzdem, ob alle angehalten haben, und gehst zügig auf die andere Seite!" Den Wenigsten kommt dabei in den Kopf, dass es auch mal einen Stromausfall geben könnte, und man genau an dieser Stelle eine andere Lösung braucht.

Mir fällt immer häufiger auf, dass es viele Kinder gibt, die in veränderten Situationen nicht wissen, was sie zu tun haben. Wenn sie ausnahmsweise nur auf sich gestellt sind, Sind sie in dem Moment nicht im Stande, selbständig zu handeln. Auch dann, wenn es ihnen locker zumutbar wäre. Selbständig eine solche Situation mit nicht funktionierender Ampelanlage zu meistern, gehört für mich dazu.

Wie bringen wir unserem Nachwuchs das selbständige Handeln bei? Konsequenzen abzuschätzen und Selbstvertrauen aus den eigenen Entscheidungen zu gewinnen? Natürlich ist es schön, richtig und auch gut, wenn die Eltern für ihre Kinder da sind. Wir fühlen uns wie Helden, wenn wir helfen können, sobald sie uns brauchen. Wenn sie in Not sind. Und sei es nur, weil sie ihr Pausenbrot zu Hause vergessen haben.

Nein. Das Pausenbrot brachte ich unserem Junior nicht. Denn mir war es wichtig, dass er auch selbst Verantwortung für seine Handlungen und eben auch seine Versäumnisse lernt. Er sollte lernen, dass eben nicht immer jemand mit einer Lösung parat steht. Dass er am nächsten Tag einfach doppelt nachschauen muss, ob er alles in seine Tasche gepackt hat. Denn wenn Kinder merken, dass die Eltern bei jeder Gelegenheit alles stehen und liegen lassen, um Aufgaben für sie zu erledigen, bleibt die Motivation zu wachsen auf der Strecke.

Deshalb praktiziere ich ab und zu die „Politik der Nicht-Rettung". Natürlich nur da, wo es passt, und die Folgen beim Misslingen nicht gravierend sind. Ein vergessenes Pausenbrot z.B. ist zwar doof, aber man kann es schon unbeschadet überleben und daraus lernen.

Das funktioniert großartig bei Dingen, die das Kind selbst in die Hand nehmen und selbständig erledigen kann. Es entsteht eine aktive Verantwortung für selbständiges Handeln, denn wenn es Konsequenzen gibt, die uns selbst nicht gefallen, haben wir einen Grund, etwas zu ändern. Und so lernen auch die Kinder selbst nach Lösungen zu suchen.

Wir müssen unseren Kindern auch mal die Chance geben, Fehler zu machen. Aber vor allem müssen wir ihnen auch gestatten, diese Fehler zu erkennen und manchmal eben auch die Konsequenzen zu spüren. Nicht um sonst gilt: Aus Fehlern lernt man.

Umso größer ist dann die Freude, wenn Kinder Stück für Stück auch andere Dinge und Situationen alleine meistern können. So erlernen sie Selbständigkeit und werden in ihren eigenen Entscheidungen immer sicherer. Wer die Konsequenzen kennt, kann entweder eine Entscheidung treffen, oder gegebenenfalls nach einer besseren Lösung suchen.

November 2021

Fährst du oder ich?

Das Radfahren ist in den letzten Monaten von vielen Menschen quasi wieder entdeckt worden und enorm im Kurs gestiegen. Nicht nur auf Grund der Suche nach alternativen Reisemöglichkeiten oder als sportlicher Ausgleich, sondern auch durch die Erleichterung des Fahrens an sich durch die elektrische Unterstützung bei E-Bikes. Somit ist kein Hügel mehr ein Problem und die Routen lassen sich gestalten nach Lust und Laune, egal ob man einkaufen fährt, in die Natur, zur Schule oder zur Arbeit.

Fahrradfahren macht Spaß und ist gesund. Beim gleichmäßigen Treten in die Pedale werden verschiedene

Hormone und Botenstoffe freigesetzt, darunter Dopamin und Serotonin, auch Glückshormon genannt, und wir fühlen uns glücklich und zufrieden. Somit bessert sich während der Fahrt unsere Laune und wir sehen die Welt gleich ein wenig schöner.

Vielleicht ist das der Grund, warum sich bei extrem vielen Radfahrern, die ich ganz besonders morgens auf dem Schul- und Arbeitsweg treffe, eine ganz eigene Denkweise durchsetzt. Sie glauben offenbar, dass sie „unantastbar" und unsterblich sind. Dass die meisten Erwachsenen immer noch ohne Helm fahren, sei es drum. Aber in solcher herbstlichen Dunkelheit ohne Rückleuchte? Wenn selbst die Straße durch die Nässe das Licht der Scheinwerfer noch reflektiert? Nein, IHR SEID WIRKLICH NICHT ZU SEHEN!!! Und wie soll ich dann mit dem Auto auch noch 1,5 Meter Abstand halten, wenn ich nicht einmal sehen kann, von wem?

Gilt eigentlich dieser Abstand auch für die Fahrradfahrer? Also nicht untereinander, sondern zu meinem Auto? Nicht selten überholt mich so einer sogar da, wo ich selbst keinen überholen darf (weil ich brav hinter einem Rad herfahre), und dann auch noch von rechts. Und als Krönung: ohne Licht!

Ich kann Ihnen sagen, das ist dann bei mir nichts mit Dopamin und Serotonin. Das ist Adrenalin pur! So ganz ohne in die Pedale zu treten. Ich wundere mich nicht, dass manche den Dampf zumindest beim Hupen ablassen. Manche betätigen in solchen Fällen sogar die Spritzanlage der Scheibenwischer und gönnen den Radfahrern eine kleine Dusche. Ich selbst mache das nicht, kann aber die Beweggründe durchaus nachvollziehen.

Es wird immer viel von respektlosen Autofahrern gesprochen. Klar gibt es die. Es gibt aber genauso viele respektlose Fahrradfahrer, die davon überzeugt sind, dass es allemal reicht, wenn sie selbst den Verkehr im Blick haben. Der Rest muss sich dann halt fügen.

Aus meiner Sicht ist es jedoch wichtig, den anderen Verkehrsteilnehmern auch die Chance zu geben, diesen Überblick zu behalten. Blinkt das Auto mit dem rechten Blinker, weiß man, es wird nach rechts abbiegen. Fährt das Fahrrad ohne Handzeichen vor mir, setze ich voraus, dass es geradeaus will. Ich bin also froh, dass ich nicht in dem Moment überholte, als die Radlerin sich offenbar spontan entschied, ohne irgendeine Vorwarnung doch links abzubiegen.

Der gegenseitige Respekt und die Einhaltung der Regeln geben uns die Sicherheit für die richtige Entscheidung. Dann passieren nicht nur weniger Unfälle, sondern wir kommen auch alle besser gelaunt an unser Ziel, ob wir in die Pedale traten oder nicht. Und das gilt nicht nur für den morgendlichen Verkehr.

Dezember 2021

Bevor das Glöckchen klingelt...

Ich kann mich noch heute gut daran erinnern, wie ich voller Spannung auf das Klingeln des Glöckchens vom Christkind wartete, um nach dem festlichen Abendessen endlich unter dem leuchtend geschmückten Weihnachtsbaum nach Geschenken für mich suchen zu dürfen. Mir kam es jedes Mal so vor, als ob meine Eltern diese Spannung gezielt verlängern wollen, indem sie sich noch eine und noch eine Portion des Weihnachtsessens auf den Teller legten.

Einmal sagte mein Papa, dass es eine größere Freude bereitet, zu schenken, als beschenkt zu werden. Ich habe ihm nicht geglaubt. In meiner Kindheit waren seine Worte für mich nicht nachvollziehbar. Ich war davon überzeugt, dass es für Erwachsen ganz schön traurig sein muss, auf diese Vorfreude am Heiligabend verzichten zu müssen.

Das Bedürfnis, etwas Bestimmtes haben zu wollen, ist begrenzt. Es endet, wenn wir das bekommen, was wir ersehnt haben. Die Freude an dem Ergatterten wird allerdings gleich mit neuen Wünschen erschlagen. Das Verlangen nach mehr, etwas Neuem, noch mehr und noch neuer, wächst mit jedem neuen Besitz weiter. Dagegen ist das Bedürfnis, Neues zu erfahren, zu lernen, andere Menschen zu lieben, ihnen zu helfen oder eine

Freude zu machen, nachzudenken, zu träumen und zu erfinden, unbegrenzt. Das Erste bedeutet „haben", das Zweite dann „sein".

Heute bin ich die Schenkende und damit an Papas Stelle. Ich verstehe ihn mehr denn je. Es ist ein wunderschönes Gefühl, sich Gedanken darüber zu machen, welches Geschenk den Liebsten, und vor allem den eigenen Kindern, viel Freude bringen könnten. Bereits beim Verpacken freue ich mich auf die zappelige Ungeduld am Tisch, wenn ich mir die zweite Portion Kartoffelsalat auf den Teller lege, um die Zeit bis zum Auspacken der Geschenke zu verlängern. Aber auch meine Geduld wird dabei strapaziert. Ich kann es kaum erwarten, die leuchtenden Augen zu sehen, wenn die Wünsche aus dem Brief an Christkind in Erfüllung gehen.

Ich fühle mich geehrt, viele Menschen zu kennen (und oft zählen sie zu meinen Freunden), die Freude daran haben, andere zu beschenken. Menschen, die anerkennen, dass das Sein, Existieren, Leben wichtiger ist als das Besitzen.

Also, liebe Kinder, Ihr müsst es am Heiligabend mit Euren Eltern am Tisch eine Weile aushalten, bevor das Glöckchen zur Bescherung ruft. Irgendwann verschwindet die Ungeduld und Ihr erkennt, wie schön es sein kann, andere zu beschenken. Und glaubt mir. Wenn ihr erwachsen seid, wird das Weihnachtsfest dann genauso schön sein, wie es das jetzt für Euch ist.